사하라로 간

세일즈맨

사하라로 간 세일즈맨

ⓒ 황선찬, 2017

1판 1쇄 발행 2015년 10월 8일
2판 1쇄 발행 2015년 11월 23일
2판 2쇄 발행 2016년 4월 15일
2판 3쇄 발행 2017년 10월 8일

지은이   황선찬
펴낸이   이기봉
펴낸곳   도서출판 좋은땅
주소   경기도 고양시 덕양구 통일로 140 B동 442호(동산동, 삼송테크노밸리)
전화   02)374-8616~7
팩스   02)374-8614
이메일   so20s@naver.com
홈페이지 www.g-world.co.kr

ISBN 979-11-5766-926-4 (03190)

이 도서의 국립중앙도서관 출판예정도서목록(CIP)은 서지정보유통지원시스템 홈페이지(http://seoji.nl.go.kr)와 국가자료공동목록시스템
(http://www.nl.go.kr/kolisnet)에서 이용하실 수 있습니다. (CIP제어번호 : CIP2015026829)

사하라로 간
세일즈맨

황선찬 지음

사막에선 내가 가는 곳이 곧 길이다
한 번뿐인 인생, 멈추지 말고 나아가라

좋은땅

들어가는 말

경험을 팝니다

"세일즈는 경험을 파는 것이다"

몇 년 전 미국으로 강의를 갔을 때 미국 강사가 한 말이다. 나는 지난 17년 동안 세일즈 현장에 있으면서 수많은 강의를 듣고 책을 보면서도 항상 아쉬움이 남았다. 거의 대부분의 내용들이 세일즈 기법에 한정되었을 뿐, 보다 큰 틀에서 자신이 세일즈를 하는 이유와 세일즈 현장에서 실제 경험을 말해주는 강의나 책은 없었다. 그때 다시 한 번 세일즈는 경험을 파는 것이라는 말이 떠올랐다. 참 멋진 말이지 않는가! 세일즈를 하면서 다양한 경험을 통해 나 자신과 고객의 삶을 변화시키고자 노력해 온 나에게 가장 적합한 말이다. 세일즈는 나의 경험, 나아가 나의 인생 전부를 파는 것이다.

유머로 반전하기

작년부터 회사에서 세일즈맨들을 대상으로 세일즈 실무를 가르치는 사내교수로 임명되어 활동하고 있다. 여기에서도 단순히 세일즈를 잘하는 방법을 가르치는 것이 아니라 세일즈를 하면서 자신의 인생과 만나는 사람들의 삶을 어떻게 변화시킬 것인가에 집중하고 있다. 당장 눈앞의 성과를 가져오는 스킬을 가르치기보다는 세일즈를 통해 삶의 본질적인 의미와 가치를 느끼게 하고 싶었기 때문이다. 지금은 세일즈를 강의하고 있지만 나도 세일즈 초기에는 왜 그렇게 표정이 어둡냐며 집에 우환이 있냐는 소리를 들은 적이 있다. 그때 나는 이렇게 대답했다.

"사실 제가 세 살 때 아버지가 위암으로 돌아가시고 어렵게 자라서 그렇습니다. 그래도 이런 모습으로도 몇 년째 버티고 있으니 대단하지 않습니까? 어려운 환경에서 열심히 일하는 제 얘기를 좀 더 관심 있게 들어주시면 좋겠어요."

그 순간 고객의 웃음이 터지면서 어색할 것 같았던 분위기가 반전되었다. 덕분에 나는 나보다 스마트한 세일즈맨을 제치고 그 고객과 계약할 수 있었다.

3분 안에 마음을 훔쳐라

얼마 전에 세일즈 관련 협회에서 3분 안에 고객의 마음을 얻는 방법에 대한 원고를 써달라고 요청이 왔다. 그래서 나는 몇 년 전 내과 병원 원장을 만나 상담했던 경험을 주제로 글을 썼다. 그때 병원장은 나에게 이렇게 말했다.

"시간을 3분 줄 테니 3분 안에 저에게 설명해 보세요."

"왜 3분이죠?"

"대기실에 환자들이 많이 기다리고 있을 경우, 저는 환자 1인당 평균 3분 정도를 진료합니다. 나에게는 환자가 가장 중요합니다. 내 환자보다 덜 중요한 당신에게 3분 이상의 시간을 쓸 수 없습니다. 당신이 3분 안에 설명을 못한다면 당신은 그 내용을 모르는 겁니다."

그로 인해 나는 10분, 3분, 심지어 1분 내에도 세일즈 할 수 있는 방법을 찾아냈다.

경험을 나누다

나는 이 책에 온 몸으로 익혀서 가슴에 울림을 주는 삶의 지혜를 담았다. 지금껏 나는 살기 위해서 세일즈을 해 온 것이 아니라 내 삶을 보여주기 위해서 세일즈를 해 왔다. 많은 세일즈맨들이 이 책을 읽고 행복하고 오래도록 세일즈하면서 자기가 꿈꿨던 삶을 살아가는 데 도움이 되길 소망한다. 이 한 권의 책이 나오기까지 많은 분들의 도움이 있었다. 먼저 기적 같은 내 삶의 원천이 되신 부모님께 감사드린다. 부모 역할을 대신하며 누구보다 열심히 살아가는 모습을 보여주신 모든 형님과 형수님, 그리고 나이 20년을 훌쩍 뛰어넘어 험난한 경험을 같이했던 당쇠형님, 책 쓰는데 옆에서 산고를 함께 나눈 사랑하는 아내와 본의 아니게 책의 소재로 자주 등장하는 딸, 아들에게 고마움을 전한다. 특별히, 살면서 따뜻한 애정으로 끊임없이 격려해준 처가 식구들 덕분에 여기까지 올 수 있었다.

또한 실질적으로 원고를 정리하는 데 도움을 준 '성공작' 꿈 친구들과 직장 동료들에게도 감사인사와 더불어 기쁨을 나누고 싶다.

사막에서 모래를 파는
세일즈맨 황선찬

목차

1장

사막에서 모래를 팔아라

사막에는 길이 없다

쇠는 식을 때 강해진다

피(避)할 것인가 파(破)할 것인가

인생에 정규직은 없다

오래 살아남는 것이 강하다

시련은 셀프다

별을 보면서 뻘을 걸어라

세일즈로 도전을 전도하라

사막에는 길이 없다

인생은 미리 정해져 있지 않다. 물론 타고난 운명이 있을지도 모르지만 결코 바뀌지 않는 숙명은 숙명이지 운명이 아니다. 우리가 바꾸겠다고 생각하면 바뀌는 것이 운명이다.

— 원료범, 《음즐록》 중에서

어머니가 걸어온 사막

우리 큰형님은 어금니 두 개가 없다. 여기에는 기구한 사연이 있다. 내가 태어난 곳은 충북 보은의 속리산 산골이었다. 7남매의 막내로 태어났는데, 3살 때 아버지는 위암으로 돌아가셨다. 늦가을 방에 누우셔서 세 살 막내아들이 문을 드나들며 들여보내는 찬바람이 싫으셨는지 "가만히 못 있나"라는 마지막 말씀을 남기고 세상을 떠나셨다. 당시 큰형은 군 입대를 앞두고 있었고 어린 동생들은 아직 학교에 다닐 때였다. 갑작스런 아버지의 죽음에 키워야 할 자식은 많고,

재산은 없는 어머니는 얼마나 힘드셨을까?

설상가상으로 큰형님마저 홀어머니와 어린 동생들을 남겨두고 군대에 가야 하는 상황이었다. 누군가로부터 이를 뽑으면 군대에 안 갈 수 있다는 이야기를 들으신 큰형님은 무모하게도 멀쩡한 어금니 두 개를 뽑았다. 결과는 어떻게 되었을까? 아파서 죽도록 고생만 하고 결국 군대에 가야 했다. 몇 년 전 뉴스를 보다가 모 연예인이 병역 면제를 위해 비슷한 방법을 사용했다고 해서 깜짝 놀란 적이 있다.

남편을 잃은 어머니는 의지하던 장남마저 군대에 보낸 후 모진 고생을 하셨다. 매일 아침 옥수수, 감, 대추 등을 광주리에 담아 머리에 이고 6km가 넘는 산길을 걸어 속리산 관광지에 가서 노점상을 하셔야 했다. 지금이야 웃으면서 추억이라 말할 수 있지만, 당시는 정말 하루를 어떻게 살지 막막했다고 말씀하시곤 했다.

하루하루 길 없는 사막을 걷는 듯한 가혹한 나날들. 그러나 어머니께서 힘들게 걸어가신 발자국은 자식들이 따라갈 수 있는 길이 되었다. 어머니께서 7남매를 키우며 홀로 삶의 길을 만들어 오셨듯이 나 또한 태어날 때부터 부모님의 사랑과 관심을 받으며 성장하는 평범한 사람들과 다르게, 스스로 길을 만들며 살아올 수 있었다.

등산복 상의를 다리에 신다

2013년 4월 사하라 사막마라톤에 참가했을 때의 일이다. 나름대로 완벽하게 준비한다고 했지만 현장은 예상과 달랐다. 사막을 가득 메우고 있는 '모래'가 문제였다. 사막의 모래는 건설자재로도 쓸 수 없을 정도로 가늘고 곱다. 일반 운동화를 신으면 바느질땀 사이로 모래가 파고들어서 발바닥을 온통 물집 투성이로 만든다. 사전조사로 이런 사실을 알고 있었던 나는 서울 가산동 길가의 구두 수선공을 찾아가 신발 옆에 찍찍이를 달았다. 무릎까지 올라오는 패치를 장착해 모래가 신발로 파고드는 것을 방지하기 위해서였다. 그런데 사막에 도착해보니 전년도까지 팔았던 패치를 더 이상 팔지 않는다고 했다. 패치가 없으면 모래가 파고들어서 레이스가 불가능한데 사막 어디에서 패치를 구한단 말인가? 1년을 준비해 온 레이스를 포기해야 하는 상황이었다.

눈앞이 캄캄하고 눈물이 날 지경이었지만 거기서 주저앉을 수는 없었다. 이가 없으면 잇몸으로 씹는다고 했다. 패치 대신 등산복의 소매를 잘라서 접착제로 붙였다. 그것으로도 부족할 것 같아서 모

2013년 4월 사하라 사막.
등산복 소매를 잘라서 신발을 감쌌다. 왜? 모래가 들어가면 죽음이니까!

래가 들어가지 않도록 운동화에도 비닐봉지를 씌웠다. 그렇게 나는 흡사 테러범(?)과도 같은 기괴한 차림으로 사하라 사막 레이스에 참가했다.

운동화에도 비닐봉지를 씌우고 청테이프로 붙였다.
먼 이국땅까지 와서 신발이 웬 고생이나!

세일즈업계에서는 흔히 처음 3년만 고생하면 된다고들 한다. 하지만 정말로 3년이 지나면 편해질까? 그렇지 않다. 사막에서 하룻밤 사이에도 모래산이 위치를 바꾸듯 주변 상황은 끊임없이 달라진다. 그 다음 5년, 그 다음 10년도 마찬가지다. 하루가 다르게 변화하는 세상에서 남들이 갔던 길을 따라 걷는 것은 어리석을 뿐이다. 변화하는 상황에 민첩하게 반응하는 적응력과 임기응변이 필요하다. 등산복도 다리에 붙이면 패치가 되고, 모래밭도 내가 가면 길이 된다.

세상에 공짜 실패는 없다

사막 레이스에 참가하는 비용은 약 500만 원이다. 여기에는 참가자가 사막 한가운데서 길을 잃었을 때를 대비한 보증금이 포함되어 있다. 레이스를 무사히 마치면 보증금을 돌려받지만 중간에 길을 잃게 되면 돌려받지 못한다. 구호팀이 길을 잃은 참가자를 찾아오는 비용마저 본인이 부담해야 하는 것이다. 길을 잃은 것도 서러운데 돈까지 내야 한다. 정말이지 세상에 공짜는 없다.

인생의 모든 노력에는 보상이 따른다. 미국의 시인이자 사상가인 랄프 왈도 에머슨(Ralph Waldo Emerson)은 '보상'이라는 에세이에서 다음과 같은 말을 남겼다.

당신이 불쾌한 주인을 섬기고 있다면,
그에게 더욱더 많이 봉사하라.
신이 당신에게 빚을 지게 만들어라.

모든 노력에는 보상이 있을 것이다.
보상이 늦으면 늦을수록
당신에게는 더 크게 이루어질 것이다.

복리에는 복리를 더하는 것이
신이 베푸는 관례이고 법이기 때문이다.

길은 그냥 나타나지 않는다. 두려워도 도전하고, 실패해도 다시 일어서야 원래부터 거기 있었던 것처럼 모습을 드러낸다. 사막에서 길을 잃으면 소중한 비용을 지불해야 한다. 하지만 성공이 공짜가 아니듯 실패도 공짜가 아니다. 화장도 못 할 정도로 극심한 피부 알레르기를 극복하고 개그우먼으로 성공한 박지선은 이렇게 말한다. "나는 넘어질 때마다 무언가를 주워서 일어난다"라고.

끝은 시작이 결정한다

정해진 길이 없는 사막이기에 갈림길도 무수히 많다. 사하라에서 뛰다보면 큰 모래 언덕을 만날 때가 있다. 그때 편하게 옆으로 돌아가는 사람도 있고, 힘들지만 모래 언덕을 올라가는 사람도 있다. 모래 언덕을 오를 때는 발이 푹푹 빠지기 때문에 체력소모가 심하다. 하지만 일단 언덕 위로 올라가면 그 다음 나아갈 방향을 멀리까지 볼 수 있어서 훨씬 유리해진다.

갈림길에서 쉬운 길을 선택한 이들은 머지않아 반드시 어려움을 만나게 된다. 경쟁자가 많기 때문에 성공 확률은 더욱 낮아진다. 애초에 쉬울 것이라고 생각했기 때문에 어려움이 닥치면 쉽게 좌절한다. 반면 처음부터 어려운 길을 선택한 사람들은 일단 경쟁자가 적다. 또한 어려움이 닥쳐도 이미 각오를 했기 때문에 어떤 방법으로든 극복을 한다. 결국 결과는 대부분 출발지점에서 정해진다. 나의 삶을 돌이켜보아도 출발지점에서 어려운 길을 선택했을 때, 오히려 생각보다 어렵지 않고 성취감을 느낄 수 있었다. 삶의 사막 한가운데서 우리는 늘 갈림길 위에 서 있다. 이때의 선택이 곧 이기고 지는 습관을 만든다.

17년 전 나도 갈림길 위에 있었다. 안전한 은행을 뛰쳐나와 세일즈를 선택했을 때 가족을 비롯한 대부분의 주변 사람들은 왜 그렇게 힘든 길을 선택하느냐며 나를 말렸다. 6개월 정도 세일즈를 하며 힘들어하고 있을 때는 장모님께서도,

"이보게, 황 서방! 지금이라도 은행에 가서 잘못했다고 빌고 월급을 반만 받더라도 다시 돌아가게."

라고 말씀하셨을 정도다. 그러나 시간이 흐르면서 지금은 돌아가신 장모님도 당시 나의 선택을 긍정적으로 받아들이셨고, 나중에는 내가 선택한 길이 정답이었다고 말씀하셨다. 처음부터 좁은 가시밭길로 가라. 중도에 포기하지 않고 나아가면 그 길이 곧 바른 길이 된다.

나 지금 떨고 있니?

사막에서 밤에 레이스를 할 때는 많은 불빛이 오히려 방해가 된다. 빛이 없으면 나침반을 보고 방향대로만 가면 되는데, 빛이 너무 많으면 좌우가 눈에 들어오기 시작한다. 레이스를 힘들게 하는 것은 눈앞의 장애물이 아니라 오히려 눈을 유혹하는 현란한 불빛이다.

나침반의 바늘은 한 방향을 가리키면서 항상 끝을 떨고 있다. 길잡이가 되는 나침반도 힘들어서 떨고 있는데, 사람은 오죽할까? 살아가면서 한 방향을 유지하는 것은 결코 쉽지 않다. 내가 지금 가고 있는

길이 어렵다고 포기하거나 생각 없이 남의 길을 따라가면 안 된다. 인생도 세일즈도 자신의 길을 만들어 나갈 수밖에 없다.

올해로 세일즈 17년차이다. 하지만 아직도 가방 하나 달랑 들고 광활한 사막 한가운데 서 있는 느낌이다. 이제는 안다. 나를 지켜주는 것은 나 자신뿐이라는 것을. 오늘도 온몸으로 떨면서 목표를 향해 나아간다.

쉬는 식을 때 강해진다

쉴 줄만 알고 일할 줄 모르는 사람은 모터 없는 자동차와 마찬가지로 아무 쓸모가 없다. 그러나 일만 알고 휴식을 모르는 사람은 브레이크가 없는 자동차와 마찬가지로 위험하기 짝이 없다.

— 헨리 포드, 포드자동차 창업자

나는 놈 위에 노는 놈 있다

한 행인이 땀을 뻘뻘 흘리며 도끼질을 하고 있는 나무꾼을 보고 말했다.

"힘들어 보이시는데 좀 쉬엄쉬엄 하면서 도끼날도 갈아가면서 하시는 게 어떨까요?"

그러자 나무꾼은 행인의 말에 퉁명스럽게 대꾸했다.

"오늘 베어야 할 나무의 절반도 못 베었는데 쉴 틈이 어디 있단 말이오."

하지만 나무꾼이 아무리 열심히 도끼질을 해도 쓰러지는 나무는 거의 없었다. 온종일 쉬지 않고 일을 하느라 날이 무뎌질 대로 무뎌 졌기 때문이다. 만약 나무꾼이 행인의 충고에 따라 충분히 쉬면서 도 끼날을 갈았다면 어땠을까? 보충된 체력으로 날카로운 도끼를 휘둘 러 훨씬 많은 나무를 벨 수 있었을 것이다.

김정운 소장은 《노는 만큼 성공한다》라는 책에서 일의 반대말은 노는 것이 아니라 '나태'라고 말한다. 잘 논다는 것은 나름대로 부지 런히 인생을 살고 있다는 의미다. 잘 노는 사람은 항상 에너지와 창 의력이 넘쳐서 경쟁력을 갖추는 반면, 죽도록 일만하는 사람은 에너 지가 고갈되고 창의력이 마비되어 쓸모가 없어진다. 김정운 소장의 말마따나 뛰는 놈 위에 나는 놈 있고, 나는 놈 위에 노는 놈 있다.

땀이 안 날 때 물을 마셔라

사하라 사막마라톤 첫날, 완주는 했지만 탈수로 쓰러져 링거를 맞 아야 했다. 둘째 날에는 코피가 났고, 셋째 날에는 발톱이 빠져서 고 생했다. 10km마다 있는 휴식 장소에서 쉬면서 소금과 물을 충분히 섭취했어야 했는데 무조건 빨리 뛰어야겠다는 욕심이 앞서서 무리했 기 때문이었다.

북쪽에서 남쪽으로 뛰는 코스였는데 생각보다 시원하고 땀도 거의 나지 않아 물과 소금을 거의 먹지 않았다. 그러나 그것은 착각이었다. 건조한 바람에 땀이 마르면서 시원하게 느껴진 것뿐, 실제로는 많은 땀이 증발되고 있었던 것이다. 혼자 중환자실 텐트에 외롭게 누워서 링거를 맞고 있는데 환청처럼 선명하게 들리는 소리가 있었다.

'사막에서는 땀이 안 나는 것 같아도 소변색이 흰색이 될 때까지 물과 소금을 충분히 먹어야 합니다. 반드시 명심하세요.'

먼저 참가했던 선배들이 입버릇처럼 했던 말이었다. 생각해 보니 레이스 중에 본 소변색이 진한 노란색이었다. 무리한 덕분에 남들보다 조금 일찍 들어오기는 했지만 탈수로 쓰러지는 바람에 4시간의 패널티를 받아서 꼴찌를 했다. 쉬지 않고 무식하게 도끼만 휘둘러 댔던 결과였다.

게으름도 경쟁력이다

《타임푸어》의 브리짓 슐트는 다음과 같이 말한다.

'사람들은 오랜 기간 일하면 두뇌 회전이 느려지고 멍해진다. 휴식을 취했더라면 절대 하지 않았을 실수도 하게 된다. 그리고 그들은 지쳐있기 때문에 그런 실수를 수습하는 데도 시간이 더 오래 걸린다.'

부지런하기로 소문난 한국인의 평균 근로시간은 얼마나 될까? 2014년 기준 2천 160시간으로 OECD 국가 가운데 2위다. 그럼에도 불구하고 시간당 노동생산성은 OECD 34개국 중 28위로 최하위권이다. 근로시간은 많지만 생산성은 최하위인 것이다.

헨리 포드는 1914년 1월 5일, 포드 자동차 노동자들의 일당을 기존의 두 배인 5달러로 인상하고, 근로시간 역시 8시간으로 줄이는 파격적인 경영정책을 발표했다. 1926년부터는 매주 토요일 공장 문을 닫기로 했고, 1938년부터는 주당 40시간 노동제를 도입했다. 그 결과 일하는 시간은 줄었지만 오히려 생산 효율은 극적으로 향상되었고, 포드 자동차는 전 세계의 자동차 시장을 점령하게 되었다.

《게으른 백만장자》에서 마크 피셔는 게으른 백만장자와 부지런한 가난뱅이를 가르는 11가지 법칙을 말한다. 그 중 11번째 법칙이 '재충전의 법칙'이다. 부지런한 가난뱅이는 1분 1초를 아끼며 시간 관리를 하지만, 게으른 백만장자는 매 순간을 즐기며 인생을 관리한다. 물리학의 아버지 뉴턴이 매일 연구실에 틀어박혀서 실험만 했다면 만유인력의 법칙을 발견할 수 있었을까? 아니다. 사과나무 아래에서 한가롭게 휴식을 취했기에 사과가 떨어진다는 평범한 현상도 남다르게 볼 수 있는 새로운 시각을 갖게 된 것이다. 어쩌면 게으름이란 바쁜 세상에서 남들이 갖지 못하는 통찰력을 갖게 해주는 나만의 방법일 수도 있다.

놀 계획을 먼저 세워라

현장전문가 이경욱은 《효율적인 공장은 쉴 새 없이 일하지 않는다》라는 책에서 불합리하고 낭비적인 것을 없애면 적은 인원으로 공장을 가동해도 높은 성과를 낼 수 있다고 말한다. 주말까지 밤새도록 공장을 가동하면 불량률이 높아지고 반품을 처리하느라 일이 더 많아진다. 비효율의 악순환인 셈이다.

나는 노는 계획을 세우고 난 후에 일할 계획을 세운다.

일만 좋아하는 사람들이 일만 하면 세상이 삭막하고 힘들어진다. 일이 끝나도 끊임없이 또다른 일을 시작하려 하기 때문이다. 반면 놀기 좋아하는 사람들이 일을 하면 세상이 재미있어진다. 놀기 위해서 일하기 때문에 더 열정적으로, 더 효율적으로 하기 때문이다. 노는 것을 중심에 두고 계획을 세워 하면 짧은 시간에 목표를 이루면서 지치지 않고 일을 할 수 있다.

열정은 고갈되기 쉬운 내적자원이다. 빨갛게 달군 쇠를 쉬지 않고 두드리면 결국 물렁물렁한 연철이 되고 만다. 쇠는 식을 때 강해진다는 것처럼 적절한 휴식은 사람을 강하게 만든다. 나는 미국 컨벤션 행사에 갈 때 가서 무슨 일을 할까 고민하지 않는다. 대신 쿠바를 거쳐서 갈까 아니면 페루의 마추피추에 들렀다 갈까 하고 놀 계획부터 세운다. 그래야 일이 놀이가 된다.

바쁘다고 주유소를 지나치지 마라

아는 동료가 신입 후배를 꼭 한번 만나봐 달라고 부탁했다. 그 후배가 이번 위기만 넘기면 잘할 것 같은데, 지금은 너무 지쳐서 일을 계속하기가 힘들 것 같다고 말했다. 나는 만나서 열심히 일하라는 말을 하는 대신 이렇게 물었다.

"혹시 하고 싶은 것이나 좋아하는 것 있어요?"

"여행을 좋아하는데요."

"어디 가고 싶은 데 있어요?"

"산티아고 순례길 가고 싶어요."

"한번 다녀오지 그랬어요?"

"직장 옮기면서 가려고 했는데 그때 유행병이 돌아서 부모님 반대로 못 갔어요."

"그럼 지금이라도 다녀오세요."

"지금은 상황이 어려워서요."

"제 생각에는 산티아고를 다녀와야 오래 일할 수 있을 것 같은데요. 그 곳에 가서 에너지를 충전하고 와서 그 에너지로 일을 새롭게 하면 오래 할 수 있어요. 하지만 어렵고 바쁘다고 현재 상태에서 일을 해서는 몸도 마음도 피폐해져요. 에너지가 방전된 상태로 일을 하면 반짝 할 수는 있어도 오래 가지 못합니다."

그 후배는 내 조언대로 산티아고 순례길을 다녀와서 지금은 열정적으로 일을 하고 있다. 힘들고 지칠 때 꼭 가보고 싶은 곳에 다녀오면 새로운 에너지가 충전된다. 낯선 곳을 혼자 걸으면서 자기 자신이 걸어온 길을 되돌아보고 주변 사람들에게도 고마운 마음을 갖게 된다. 훌쩍 떠나고 싶은 그곳이 바로 에너지 충전소이다. 바쁘다고 주유소를 지나치면 연료가 고갈되어 오래 못 간다. 아무리 바빠도 주유소에 들러서 기름을 채워야 한다.

삶의 오아시스에 들르자

나는 삶의 오아시스를 들를 때 삶을 견디는 힘을 얻을 수 있었다.

오아시스는 세일즈와 밀접하게 연결되었고 나의 가치를 상승시켰다. 기름 쓰고 올라갈 때는 에너지가 소모된다. 반대로 멈추고 내려갈 때 에너지가 응축된다. 흥하고 쇠하는 삶의 파도를 잘 타야 힘들이지 않고 인생을 즐겁게 서핑할 수 있다. 모두가 두려워하던 IMF 위기가 있었기에 나는 강해질 수 있었다. 삶에 기회를 주었더니 기회들이 다시 나에게 좋은 삶을 돌려주었다.

어느 영화감독은 이렇게 말했다.

"나는 영화를 만들기 위해 사는 것이 아니라 사는 모습을 보여주기 위해 영화를 만든다."

나도 먹고 살기 위해서 세일즈를 하는 것이 아니라 사는 모습을 보여주기 위해 세일즈를 하고 있다. 오래 살고 오래 세일즈를 하기 위해서는 삶의 오아시스를 자주 들러야 한다.

2013년 4월 사하라 사막의 오아시스.
맑고 파란 물에 비키니 입은 아가씨들이 즐비할 것으로 상상했던 오아시스는 환상에 불과했다.

피(避)할 것인가
파(破)할 것인가

위태로운 것은 그 자리에 안주하는 것이요, 망하게 되는 것은 그 생존을
유지하려 함에서 비롯되는 것이며, 혼란해지는 것은 그 다스림을 그대
로 두게 함이다.

– 주역(周易)

줄넘기로 위기 넘기

IMF 때 나는 잘 다니던 은행을 퇴직하고 세일즈를 선택했다. 월급
이 따박따박 나오는 안정적인 직장을 버리고 험난한 세일즈를 하겠
다고 하니 당연히 가족들의 막강한 반대에 부딪혔다. 하지만 이미 마
음을 굳힌 나는 가족들을 설득하기 위해 줄넘기를 시작했다. 반드시
성공하겠다는 나의 의지를 줄넘기를 통해서 보여주기 위해서였다. 처
음에는 몇 번만 해도 줄이 다리에 엉키고 꼬였지만 3개월 동안 매일
몇 시간을 계속하니까 한 번에 몇 천 번을 할 정도가 되었다. 그제서

야 가족들도 나의 각오를 인정했다. 누가 알았겠는가. 그때의 줄넘기가 다가올 위기를 넘는 기회가 될 줄이야. 안락한 이불을 걷어차고 일어나야 신선한 새벽 공기를 마실 수 있다.

인정을 받으면서도 편안했던 은행 재직시절의 모습

모닥불을 버리고 떠나라

스티브 도나휴의 《사막을 건너는 여섯 가지 방법》을 보면 다음과 같은 이야기가 나온다.

한 남자가 사막에서 추위를 피하기 위해 모닥불을 피우고 있는데, 투아레그족이 소리 없이 어둠 속에서 나타나더니 소금을 달라고 했다. 투아레그족은 무섭기로 소문난 사막의 종족이었다. 두려운 마음에 소금을 주었더니 이번에는 몇 명이 더 나타나서는 후추를 달라고 했다. 그 남자는 투아레그족이 자신의 돈과 목숨을 빼앗기 위해 정탐하러 왔다는 생각에 불안감에 휩싸인다. 상대는 몇 명일까? 무기는 무엇을 가졌을까? 차라리 모닥불을 끄고 도망갈까? 어디가 어딘지도 모르는 사막에서 어디로 도망가지? 이런 고민을 하는 사이 시간은 많이 흘렀다.

이번에는 10명 정도가 소리 없이 나타나서 자신들을 따라오라고 했다. 모래 위를 그들보다 더 빨리 뛸 수 있다는 자신도 없고, 숨겨진 칼로 한 번에 목이 날아갈 것 같은 상상에 머리가 복잡해졌다. 이제는 죽었구나 하는 생각이 들었지만 빨리 따라오라는 재촉을 받고 남자는 할 수 없이 길을 따라나섰다. 모래언덕을 넘어 내려가니 불빛이 보이고 마을 사람들이 소금과 후추를 뿌려가며 양고기를 맛있게 굽고 있었다. 투아레그족은 남자를 보자 따뜻하게 환영하면서 어서 먹으라고 권했다.

나는 책의 내용에 감동하여 캐나다와 한국에서 저자의 강연을 두 번이나 들었다. 누구나 살면서 자신을 따뜻하게 지켜줄 모닥불을 피운다. 하지만 모닥불이 영원할 것처럼 그 자리에 안주하는 것은 위험하다. 남자가 모닥불을 떠나지 않고 그 자리에 머물렀다면 모닥불이 꺼지는 순간 엄습할 추위와 배고픔에 쓰러지고 말았을 것이다. 안주하는 것도 위험을 무릅쓰는 것도 온전히 자신의 몫이다.

고정관념을 해체하라

서울 영등포구 여의도동 28-1번지.

2015년 7월 24일에 철거되기 시작한 이곳은 지난 30년 한국 산업화의 상징이었던 전경련회관이다. 20층짜리 옛 건물이 해체된 자리에는 지하 6층, 지상 50층짜리 새 건물이 들어섰다. 공사비로 4천억 원 정도가 소요되었고, 건물 면적은 옛 건물의 3배가 넘는다.

이제는 역사의 뒤안길로 사라진 전경련 건물과 관련해 재미있는 일화가 있다. 애초 옛 전경련회관은 지상 12층으로 설계됐다. 당시에는 국회 옥상에 수도방위사령부의 방공포가 설치되어 있기 때문에 그 높이 이상의 건물은 허가가 나지 않았다. 그때 전경련 회장이었던 고(故) 정주영 현대그룹 명예회장은,

"국회 옥상의 방공포를 옮겨온다는 조건으로 건물 높이를 높이면 국방부에서도 반대할 이유가 없지 않소. 오히려 방공포가 높은 데 있으면 국방부도 좋지 않겠습니까?"

하고 직원들을 다그쳤다. 결국 정 회장 판단대로 전경련회관은 1979년 11월 지상 20층짜리 건물로 완공됐다. '방공포는 국회 옥상에 있어야 한다'는 고정관념에 얽매이지 않는 정회장의 창의력과 판단력이 이루어낸 성과였다.

옛 건물을 부수지 않으면 새 건물을 지을 수 없듯이 옛 생각에 얽매여 있으면 새로운 생각을 할 수 없다. 익숙한 생각의 틀을 뼈대까지 해체해야 비로소 이전보다 몇 배나 크고 자유로운 생각을 할 수 있다.

생각을 뒤집으면 길이 보인다

일본의 유명한 아메요코 시장은 현재 도쿄에 남아있는 유일한 재래시장이다. 제2차 세계대전 당시 암시장이었던 곳이 번듯한 시장으로 자리 잡은 것이다. '아메요코'라는 이름에 대해서는 크게 2가지 설이 있는데 미국(아메리카) 제품을 많이 팔아서 그렇다고도 하고, 사탕(일본어로 '아메')을 많이 팔아서 그렇다고도 한다. 우리나라의 옛 청계천처럼 고가 철로를 따라 500여 상점이 늘어서 있는데 농산물, 수산물, 건어물, 옷, 가방, 음식 등 일본 서민생활에 필요한 온갖 물품을 파는 관광명소로 잘 알려져 있다.

하지만 2000년대 들어 주변에 대형마트가 들어서자 아메요코 시장 역시 심각한 경영난에 빠졌다. 그때 아메요코 시장이 최후 수단으로 선택한 것은 바로 '핵심가치'였다. '어려울수록 핵심 가치에 집중하라'는 경영 논리를 적용한 것이다. 우선 아메요코 시장은 '전통시장은 불편하다'는 고정관념을 뒤집어서 전통시장의 번잡함과 불편함을 오히려 옛 시장의 추억과 정취를 느낄 수 있는 경쟁력으로 삼았다.

이곳에서는 호객행위도 허용된다. 흥정 여부에 따라 20~30% 할인 받을 수 있다. 또한 주변의 대형마트가 구매력이 있는 젊은 소비자들의 눈과 귀를 사로잡을 때 아메요코는 시장 주변의 노인층을 유치하는 데 집중했다. 저출산, 고령화로 노인 인구가 급증한다는 사실에 주목했던 것이다. 이 또한 상식을 뒤집은 역발상이라 할 수 있다.

결국 이러한 차별화 전략들은 일본에서 가장 질 좋고 싼 제품을 팔겠다는 상인들의 의욕과 결합하여 아메요코 시장을 일본에서 가장 유명한 전통시장으로 만들었다.

끝까지 페달을 밟아라

세일즈를 하다 보면 내가 제안한 상품보다 다른 회사의 세일즈맨이 제안한 상품이 고객에게 유리할 때가 있다. 이럴 때 다른 세일즈맨이라면 어떻게든 자신의 상품이 우수한 점을 어필하고 다른 상품의 단점을 지적하기에 바쁠 것이다. 그러나 나는 내 세일즈 제안을 거둬들이면서 다른 세일즈맨의 제안이 비용, 혜택, 유연성 면에서 얼마나 고객에게 유리하고 좋은지를 구체적으로 설명해 주었다. 내 설명을 들은 고객은 미안해하면서 다음에 기회가 되면 꼭 도와주겠다고 이야기했다. 그런데 며칠 후 그 고객으로부터 나와 계약을 하겠다고 전화가 왔다. 의아해서 그 이유를 물었더니 상대방이 상품의 단점을 감춘 것을 알게 되어서 신뢰가 무너졌다고 했다. 비록 계약조건이 좀 불리하긴 하지만 정직하게 세일즈 하는 나와 계약을 하고 싶다는 것이었다. 세일즈에서 가장 중요한 것은 신뢰라는 것을 다시 한 번 확인한 순간이었다. 불가능하다고 생각이 들 때 그냥 물러나면 안 된다. 정면으로 부딪쳐서 고객의 마음속까지 밀고 들어가면 죽었던 계약도 기적처럼 살아서 돌아올 수 있다.

자전거를 타다 쓰러지려고 할 때, 넘어지지 않으려고 핸들을 반대쪽으로 틀면 넘어진다. 오히려 쓰러지는 쪽으로 핸들을 유지하면서 힘껏 페달을 밟아야 살아난다. 이순신 장군의 '살고자 하는 자는 죽고, 죽고자 하는 자는 산다'는 말과 같다. 해외 컨벤션 행사에서 90세에 가까운 노년의 강사가 강단에 자전거를 타고 등장해서 말했다.

"세일즈는 자전거를 타는 것과 같아요. 페달을 계속 밟으세요!"

폭풍우에 맞서라

미국 중서부의 큰 평지에는 buffalo와 cattle이 함께 들판을 돌아다닌다. 둘 다 같은 들판에서 풀을 뜯는, 비슷하게 생긴 소과 짐승이다. 하지만 그 둘 사이에는 큰 차이가 있다. 들판에 천둥번개가 치고 강풍이 불면 cattle은 뒤돌아서 폭풍우를 피해 달아난다. 하지만 buffalo는 반대로 폭풍우 속을 정면으로 뚫고 내달린다. 결과적으로 cattle은 내내 폭풍우에 쫓겨 다니면서 공포를 느끼지만, buffalo는 폭풍우를 직접 마주침으로써 오히려 폭풍우를 빨리 지나쳐 간다. 우리는 같은 에너지를 cattle과 같이 시련을 피하는 데 쓸 수도 있고, buffalo와 같이 시련을 뚫고 지나가는 데 쓸 수도 있다. 시련에 부딪혀 어떻게 반응하느냐가 우리를 만든다. 내가 만나본 영업의 고수들은 모두 buffalo와 같은 방식으로 시련을 극복했다.

'변화(變化)'라는 단어는 다른 방향으로 간다는 의미를 포함하고 있다. 폭풍우를 빨리 벗어나려면 남들이 가지 않는 방향으로 가야 한다. 피(避)하지 말고 파(破)하라. 이것이 내가 알고 있는 가장 쉬운 위기 돌파법이다.

인생에 정규직은 없다

답을 찾지 마라. 인생에 정답은 없다. 모든 선택에는 정답과 오답이 공존한다. 지혜로운 사람들은 선택한 다음에 그것을 정답으로 만들어내고, 어리석은 사람들은 선택하고도 후회하면서 그것을 오답으로 만든다.

— 박웅현, 《여덟단어》

위기는 안전할 때 극복한다

여기서 잠깐 퀴즈 하나.

삼성 이건희 회장이 그 유명한 "마누라 빼고는 다 바꿔라"라는 말을 했을 때 삼성은 어떤 상황이었을까?

① 가장 잘 나갈 때
② 그럭저럭 해 나갈 때
③ 위기에 빠졌을 때

대다수의 사람들은 ③번을 찍는다. 위기에 빠졌을 때 모든 것을 바꿔야 위기를 벗어날 수 있다고 믿는 것이다. 그러나 틀렸다. 정답은 ①번이다. 이건희 회장이 저 말을 했을 당시 삼성은 국내 최대의 수익을 내고 가장 잘 나갈 때였다. 진정한 리더는 위기가 닥치기 이전에 미리 변한다. 칭기즈칸은 "내 후손들이 비단옷을 입고 기와집에서 살 때 내 제국은 멸망할 것이다"라고 말했다. 가만히 앉아서 위기가 닥치기를 기다리는 것은 위기를 불러들이는 것과 같다. '이만하면 됐다' 하고 현실에 안주하는 순간 공격적인 자세에서 방어적인 자세로 바뀐다. 명의는 병이 오기 전에 예방한다. 위기는 닥치기 이전에 극복해야 한다.

"섬을 떠나야 섬이 보인다."

스페인 여행 때 가이드가 한 말이다. 나를 떠나야 나를 볼 수 있고 일상에서 벗어나야 내 삶을 돌아볼 수 있다는 의미이다. 그런 의미에서 가장 좋은 여행은 집으로 돌아가고 싶어지는 여행이다. 자기 자신과 일상의 소중함을 깨달았기 때문이다. 한편 진짜 여행은 집으로 돌아온 후 다시 떠나는 여행이다. 자기 자신을 찾은 다음에 진정한 배움을 찾아 일상속으로든 새로운 곳으로든 떠나는 여행이기 때문이다.

주먹을 눈앞에 바짝 갖다 대면 전체를 잘 볼 수가 없다. 약간 거리를 두면 처음에는 피부 주름만 보이다가 점점 손가락 마디도 보이고 나중에는 주먹 모양 전체가 보인다. 마지막으로 주먹과 팔, 몸통의 연결 관계까지 보인다. 나를 제대로 볼 수 있는 가장 좋은 방법은 일상을 그대로 두고 멀리 떠나서 그곳에 있던 나를 객관적으로 바라보는 것이다. 여행은 곧 자아로부터의 분리와 재결합의 과정인 것이다.

이렇게 하려면 혼자 아주 멀리, 완전히 낯선 곳으로 떠나는 여행이 이상적이다. 그보다 중요한 것은 일단 훌쩍 떠나는 것이다. 얽히고설킨 여러 가지 상황을 고려하다 보면 떠나기조차 힘들어진다. 내가 없으면 조직이 안 돌아갈 것 같은 책임감이 발목을 잡고 놔주지 않는다. 하지만 내가 없어도 조직은 잘 돌아간다. 어쩌면 그런 기회를 통해 자신의 가치를 재평가 받을 수도 있다. 섬도 사람도 떠나봐야 그 가치를 안다.

도전이 멈추면 여행도 끝난다

처음 사하라를 여행하는 동안 파울로 코엘료의 소설 《연금술사》를 3번이나 읽었다. 그 중 가장 기억에 남는 구절은 첫 장에 나오는 '인생이란 자아를 찾아 떠나는 영원한 여행이다'라는 말이었다. 인생과 여행은 일란성 쌍둥이처럼 닮아있다. 시작이 있고 끝이 있으며 과정이 있다. 그리고 가장 의미 있는 일들은 시작과 끝이 아닌 과정에서 일어난다.

연금술사의 주인공 산티아고가 여행한 거리는 스페인에서 모로코를 거쳐 이집트의 피라미드까지 사막길로 약 5천600km가 넘는다. 가장 높다는 히말라야 산맥의 폭이 400km, 길이가 2천400km 정도

임을 감안하면 그 두 배가 넘는다. 그에 비하면 나의 여행길은 초라하기 그지없었다.

사하라를 건너면서 얼마나 많은 유혹과 어려움이 독서를 방해했겠는가? 내가 책 속에 보물이라도 숨겨진 것처럼 하도 열심히 읽으니까 같이 갔던 70세가 넘은 형님께서 무슨 내용이 있는지 궁금하다며 자기도 읽겠다고 가져가셨다. 어떤 보물을 찾아 어디를 여행할 마음으로 그러셨는지 모르겠지만 그 연세에도 도전을 멈추지 않는 자세는 정말로 존경스러웠다.

내가 한 여행이 과연 좋은 여행이었는지는 어떻게 판단할 수 있을까? 대부분의 사람들은 이 질문에 대한 답을 찾다가 생을 마감한다. 하지만 꼭 좋은 여행이었는지를 판단할 필요는 없다. 여행은 새로운 환경에 대한 도전이라는 것만으로도 가치가 있다. 주저앉은 자리에 울타리를 치고 집을 짓는 순간 여행은 끝난다.

인생은 무계획이다

예전에 동료들과 스페인으로 여행을 간 적이 있다. 스페인의 남쪽 끝에 있는 영국령 지브롤타 바위를 구경한 후 해협을 건너 모로코의 탕헤르에 잠깐 머물렀다. 당시 모로코는 전혀 계획하지 않았던 여행지였다. 《연금술사》에서 주인공이 사막여행을 시작했던 탕헤르가 생각나서 충동적으로 가게 된 것이다. 스페인의 동쪽 해변을 따라 올라오다가 너무 덥기도 하고 해변이 아름다워서 해수욕을 했는데 바닷물에 들어갔다 나왔더니 가방이 없어졌다. 여권, 지갑, 핸드폰, 신용카드 등 중요한 모든 것이 들어있는 가방이었다.

경찰에 신고하고 동료들이 배낭을 찾아 이리저리 미친 듯이 뛰어다녔지만 아무 소용이 없었다. 여권을 만들기 위해 예정에 없었던 마드리드로 이동했다. 대사관을 찾아갔는데 그곳에는 세 가족이 우리와 같이 여권분실로 여행지를 변경하고 와 있었다. 그들과 동병상련을 겪으면서 짧은 시간에 많이 친해졌다. 여행을 떠나기 전 세웠던 세밀한 계획이 아무 소용이 없어졌다.

계획에도 없던 모로코에 들렀던 것처럼 지금 세일즈를 하고 있는 것도 원래 내 삶의 계획에 없던 일이다. 은행원으로 출발하여 은행원으로 정년퇴직하리라 생각했었는데 엉뚱하게도 세일즈를 하고 있다. 세일즈를 17년 하니까 또 그 안에서 여러 가지 길들이 보인다. 앞으

스페인 해변에서 여유로운 모습.
그러나 30분 후 여권, 지갑, 카드, 휴대폰을 몽땅 잃어버리게 된다.

로의 인생이 어디로 흘러갈지는 나도 모르겠다. 매번 한계에 도전하고 틀을 깬다는 생각으로 살아가기 때문에 더욱 그럴 것 같다.

인생에 정규직은 없다

청룡열차를 타면서 빨리 목적지에 도착했으면 하고 바라는 사람은 없다. 우리가 청룡열차를 타는 이유는 빨리 목적지에 가기 위해서가 아니라 그 과정을 즐기기 위함이다. 오르락내리락 급격하고 스릴이 넘칠수록 재미있다. 현실도 마찬가지다. 굴곡이 많고 아찔할수록 느끼고 얻는 것이 많다.

하루하루는 낯선 곳으로 떠나는 여행이다. 누구나 아침에 일어나면 새로운 여행을 시작하고 저녁에 돌아오면 한 번의 여행을 끝낸다. 잠들었다가도 다음날이면 새로운 여행이 시작된다. 같은 사람도 다른 시간과 장소에서 만날 수 있고, 같은 장소와 시간이라도 다른 사람과 만날 수 있다.

오래 살아남는 것이 강하다

성공이란 당신이 쓰러지는 횟수보다 한 번 더 일어서는 것이다.

— 올리버 골드스미스, 영국 소설가

진정한 용기

아일랜드를 1500년간 지배했던 명문가 오닐 가문의 휘장은 '붉은 손목'이다.

기원전 10세기경 스페인은 26년간의 대기근에 시달렸다. 나라 전체가 위기에 처하자 당시 스페인의 왕 밀레시우스는 아들들에게 새로운 땅을 발견하라는 말을 남기고 죽었다. 밀레시우스의 아들들은 우여곡절 끝에 천혜의 낙원 에이레를 발견했다. 그리고 그 섬을 정복하기 위해 원정을 떠나며 아버지의 유언에 따라 '손이 먼저 닿는 사람'이 그 땅을 지배하기로 약속했다.

밀레시우스의 막내아들 헤레몬은 경쟁자 '더모트'와의 치열한 경쟁 끝에 한발 늦어 승리를 빼앗길 위기에 처했다. 바로 이 결정적인 순간에 헤레몬은 자신의 오른손 손목을 칼로 자른 후 피가 흐르는 손목을 육지를 향해 힘차게 던졌다. 결국 경쟁자보다 육지에 먼저 손이 닿은 헤레몬은 아일랜드의 초대왕이 되었다. 그의 뒤를 이은 후손들이 바로 1500년간 아일랜드를 지배한 오닐 가문이다. 그 후로 피가 묻은 '붉은 손목'은 오닐 가문의 휘장이 되었다.

《젊은 구글러가 세상에 던지는 열정력》의 저자 김태원은 '진정한 용기란 가장 소중한 것을 위해 두 번째로 소중한 것을 버리는 것'이라고 말한다. 아일랜드를 얻기 위해 자신의 소중한 손목을 버릴 수 있는 용기. 그것이 아일랜드를 1500년이나 지배한 오닐 가문의 힘이 아니었을까?

뿌리와 마디를 만들어라

오래 가기 위해서는 진정한 용기와 더불어 튼튼한 뿌리가 필요하다. 대나무 중에서 최고로 여기는 모죽은 씨를 뿌린 후 5년 동안 아무리 물을 주고 가꿔도 싹이 나지 않는다. 하지만 5년이 지나면 손가락만한 죽순이 돋아나기 시작해서 4월이 되면 갑자기 하루에 80cm씩 쑥쑥 자라 순식간에 30m까지 자란다. 왜 5년이란 세월 동안 자라지 않았던 것일까? 의문을 가진 학자들은 땅을 파 보고 놀랄 수밖에 없었다. 대나무의 뿌리가 땅 속 깊이 사방으로 수십 미터나 뻗어 있었던 것이다. 이처럼 나중에 폭발적인 성장을 하려면 내실을 튼튼하게 다지는 시간이 필요하다.

대나무가 강한 비결은 뿌리와 함께 '마디'에 있다. 대나무는 아무리 강한 비바람이 몰아쳐도 부러지지 않는다. 대나무를 억지로 꺾어 보라. 매끈한 줄기가 부러질지언정 마디가 부러지는 경우는 없다. 대나무는 일정한 길이 이상 자라면 잠시 성장을 멈추고 마디를 만든다. 마디가 없이 계속 위로 자라기만 한다면 어떻게 될까? 조금만 센 바람이 불면 부러지고 꺾일 것이다.

경기가 어려워지고 세일즈 환경이 변하면 많은 세일즈맨들이 현장을 떠난다. 그럴 때는 섣불리 떠날 것이 아니라 대나무처럼 참고 견디면서 뿌리를 넓히고 마디를 만드는 것이 중요하다. 강한 세일즈맨이 살아남는 것이 아니고 오래 살아남는 세일즈맨이 강해진다. 살아남기 위해 모든 수단과 방법을 동원하고 그 과정에서 근성과 체력이 다져지는 것이다.

한 우물을 파라

오랫동안 세일즈를 하는 사람은 아주 잘하는 사람도 아주 못하는 사람도 아니다. 유혹에 흔들리지 않고 한 우물을 파는 사람이다. 세일즈를 방해하는 것은 앞에 있는 장애물보다는 옆으로 보이는 샛길이다. 어려운 상황에 처한 세일즈맨은 다른 일을 하면 세일즈보다는 잘

할 수 있을 것 같은 유혹에 빠진다. 어느 날 후배로부터 전화가 왔다.

"선배가 좋은 회사를 하나 맡아서 운영해 보라고 하는데 고민이네요. 세일즈도 10년 정도 했으니까 이제 새로운 것을 해봐야 할 것 같은데 어떻게 생각하세요? 이 문제를 고민하느라 몇 달간 일을 전혀 못했어요."

나는 다음과 같이 이야기해 주었다.

"세일즈를 시작했을 때의 초심으로 돌아가 봤으면 좋겠어. 지금 후배가 가진 열정과 노력이면 어떤 것을 해도 성공할 수 있어. 그것이 확실하게 보이니까 그 선배가 회사를 맡기려고 하는 거야. 그러나 세상에는 공짜가 없어. 사업이 잘되어도 선배가 키워줬다는 그늘에서 벗어나지 못해 괴로울 것이고, 사업이 안 되어도 선배에게 미안해 하고 후회할 수 있어. 만약 자네 아들이 자네에게 그렇게 묻는다면 뭐라고 대답해 주겠어?"

결국 그 친구는 고민 끝에 세일즈맨으로 남기로 했다. 하나의 큰 마디를 잘 지나온 것이다. 앞으로 몇 개의 마디만 더 견디면 어떤 상황에도 쉽게 꺾이지 않는 강한 세일즈맨이 될 것이다. 큰 마디를 잘 견디면 다음에 오는 마디는 좀 더 수월하게 견딜 수 있다.

50대의 젊은이

세일즈의 성패는 어떤 마음으로 임하느냐에 따라 결정된다. 세일즈를 오래 해야겠다고 마음을 먹은 후 '나에게 은퇴란 없다. 나는 90세까지 세일즈를 할 계획이다'라고 몇 년을 이야기하고 다녔더니 이제는 그렇게 하는 것이 당연하다고 느껴진다. 고객을 만나면 나는 이렇게 말한다.

"고객님은 스스로 운이 좋다고 생각하세요?"

"그런대로 운이 좋다고 생각해요."

"저도 운이 좋다고 생각하는 사람입니다. 저는 운 좋은 사람만 만납니다. 운 좋은 사람만 만나기도 바쁘거든요. 고객님도 저처럼 운이 좋고 젊은 사람을 만나야 합니다."

이 말에 대부분의 고객들은 고개를 갸우뚱한다.

"운이 좋다는 것은 그렇다 치고 젊다는 것이 무슨 뜻이세요?"

50줄에 접어든 나를 도저히 젊은이로 보기는 힘들다는 말투였다.

"저는 직업상 영업하는 사람들을 많이 만나는데 지금 하는 일을 60세 이후까지 하겠다는 사람들이 드물어요. 제가 지금 50세인데 앞으로 90세까지 세일즈를 할 계획이니까 저는 아직 새파랗게 젊은 것이나 다름없죠. 앞으로 40년 동안 고객님께 서비스를 제공할 수 있으니까요."

빨간 스포츠카를 사겠다고 마음먹으면 빨간 스포츠카만 눈에 보이는 것처럼 90세까지 할 수 있다고 생각하니까 모든 것들이 거기에 맞게 조정된다. 해외 컨벤션 행사에 가도 90세가 넘어서까지 일하는 세일즈맨을 찾아다니며 노하우를 묻게 되고 같이 기념촬영도 하게 된다.

13년의 무명시절

1990년. 21세의 오달수는 재수생이었다.

그 시절 단역으로 출연했던 문상객 1번이 인연이 되어 배우의 길로 들어선 오달수는 13년간 무명의 연극배우로 지내다 영화 〈올드보이〉(2003)에서 철웅 역으로 처음 대중들에게 이름을 알렸다. 비록 분량은 많지 않았지만 오달수 특유의 개성있는 마스크와 연기는 관객들에게 강한 인상을 남기기에 충분했다. 이후 그는 본인의 역할을 충실하게 소화해 연기했다. 〈달콤한 인생〉, 〈방자전〉, 〈도둑들〉, 〈7번방의 선물〉, 〈국제시장〉, 〈조선명탐정: 사라진 놉의 딸〉, 〈암살〉, 〈베테랑〉 등에서 점점 비중있는 배역들을 맡으며 지금은 27년차 대중 배우로 자리 잡았다. 현재 극단 '신기루만화경'의 대표인 그는 제작자로서 틈틈이 연극 제작도 하고 있다. 연기관이 무엇이냐는 기자의 질문에 그는 다음과 같이 말한다.

"저는 연기관이라고 따로 없어요. 연기가 뭔지 아직 잘 모르겠어요. 근데 그냥 사람이 좋아요. 그래서 그냥 하는 겁니다."

사람이 좋아 연기하는 배우 오달수. 그는 그야말로 '올드보이'처럼 기나긴 무명의 시간을 견뎌야 했다. 하지만 그 시절이 있었기에 미남 배우가 아님에도 널리 사랑받는 배우가 될 수 있었다. 반면 한때 절정의 인기를 구가하던 스타들이 지금은 소식도 모르는 경우가 얼마나 많은가? 아무리 화려하고 성공적이었던 기업이라 하더라도 현재에 존재하지 않는 기업은 그 누구도 강하다고 평가하지 않는다. 사라진 기업은 평가 자체에서 제외되기 때문이다. 성공한 기업이 강한 것이 아니라 살아남은 기업이 강한 것이다.

낙타보다 한 걸음만 더

낙타보다 빨리 들어오면 된다고 해서 낙타에게 부탁하는 중~

　사막 레이스를 할 때 매일 아침 모든 주자들이 출발하면 맨 마지막으로 낙타 두 마리가 출발한다. 느릿느릿 걷는 것 같지만 다리가 길어서 결코 느리지 않다. 낙타가 결승선에 들어오면 그날의 레이스가 끝난다. 낙타보다 뒤에 들어오거나 낙타를 타고 들어오면 시간 초과로 탈락한다. 재미있는 것은 가장 많은 박수를 받는 사람은 1등이 아니라 낙타 바로 앞에 들어오는 주자라는 점이다. 그늘 하나 없는 사막에서 포기하지 않고 가장 오랫동안 견딘 끈기에 인정과 격려의 박수를 보내주는 것이다. 사막 레이스는 순위가 목표가 아니라 완주가 목표이다. 그 목표를 향해 오래도록 견뎠을 때 다른 사람들이 인정해주는 것은 물론이고 본인도 보람을 느낄 수 있다.

시련은 셀프다

인간은 오직 사고의 산물일 뿐이다. 인생은 생각하는 대로 되는 법이다. 당신의 믿음은 당신의 생각이 된다. 당신의 생각은 당신의 말이 되고, 당신의 말은 당신의 행동이 된다. 당신의 행동은 당신의 습관이 되고, 당신의 습관은 당신의 가치가 된다. 그리고 당신의 가치는 결국 당신의 운명이 된다.

— 하우석, 《내 인생 5년 후》

두 개의 졸업장

나는 중학교 졸업장이 2개다.

하나는 내가 졸업한 속리중학교 졸업장이고, 다른 하나는 학교를 가다가 들른 '도중학교'에서 셀프로 받은 졸업장이다. 내가 나온 속리중학교는 마을에서 6km나 떨어져 있었다. 자전거를 타고 등하교를 하는 일은 철인 3종 경기와 비슷했다. 산이 높으니 산 중턱까지는 자전거를 타고 가다가 너무 힘들면 끌고 올라갔다. 내려갈 때는 기분 좋게 타고 내려가다가 개울이 나오면 자전거를 메고 징검다리를 건너야 한다.

산골이디 보니 눈이 많이 쌓이거나 비가 많이 오면 등교가 힘들나. 그때 한 명이라도 학교에 가면 출석하지 못한 학생들은 모두 결석 처리가 되고 한 명도 안 가면 결석이 아니다. 그러다 보니 갈지 말지 고민될 때 안 가기로 한 날은 전원이 도중에 모였었다. 우리는 그것을 '학교 가는 도중에 모이는 학교'라고 해서 '도중학교'라고 불렀다. 도중학교에는 참 다양한 교과목이 있었다. 나무에 오르는 체육시간, 장기자랑하는 음악시간, 즐거운 점심시간 등으로 운영됐었다. 요즘에야 이렇게 땡땡이를 치다가 걸리면 큰일 날 일이지만 당시에는 부모들이 농사일로 바쁘기 때문에 자식들에게 관심을 가질 여유가 없었다. 그때 생긴 삶의 근육들은 지금까지 레이스를 뛰고 세일즈를 할 때 큰 위력을 발휘하고 있다.

과묵한 세일즈맨

공부보다 농사일이 중요했던 속리산 산골에서 어렵게 중학교를 마치고 경기도로 왔다. 집안이 넉넉하지 않았기에 형님의 가게 일을 도와주며 공부하느라 성적도 안 좋았고 말수도 적었다. 그래서 고등학교 생활기록부에는 '과묵함'이라는 단어가 적혀 있다. 칭찬이라기보다 특별히 쓸 말이 없을 때 쓰는 내용이다. 이러한 것이 영향을 미쳤는지 세일즈 시작 초기에 고객의 소개로 중년의 여성을 만난 적이 있다. 상품을 한참 설명하고 있는데 갑자기 벌떡 일어나서는,

"왜 이렇게 상품을 재미없게 설명해요? 짜증나서 도저히 더는 못 듣겠네요."

하면서 나가는 것이 아닌가? 그 충격이 한동안 갔다. 또 한 번은 의사 부인인데,

"집안에 우환 있으세요? 얼굴이 그렇게 어두워서 오랫동안 일하겠어요? 다른 세일즈맨은 복장도 산뜻하고 말도 세련되게 하는데 너무 비교가 돼요."

라고 솔직하게 말해준 경우도 있었다. 이러한 시련이 있었기에 지금은 상품을 좀 더 재미있게 설명할 수 있게 되었다. 이제는 누가 내 얼굴이 어둡다고 하면,

"제가 어렵게 성장해서 그래요. 이런 표정으로 지금까지 버텨온 것이 기특하지 않나요? 힘든 환경에서도 열심히 하는 저를 고객님께서 도와주셔야 해요."

라고 이야기해서 웃음을 끌어내고 계약을 성사시킨 경우도 많았다. 이제는 그런 말에 상처받기보다는 오히려 자신감이 샘솟고 입가에 미소를 머금을 수 있게 되었다. 나를 굴복시키지 못하는 시련은 나를 강하게 할 뿐이다.

우문현답

세일즈 분야에는 '우문현답'이라는 말이 있다. '우리의 문제는 현장에 답이 있다'는 뜻이다. 많은 사람들이 시련을 이겨내고 얻은 교훈

을 들으러 강연장을 찾아다닌다. 그러나 자신이 직접 경험하지 않은 것은 머리로는 이해가 되지만 가슴 깊이 공감은 되지 않을 수가 있다. 역도선수가 힘들게 운동하는 것을 하루 종일 따라다니면서 보아도 나에게는 근육이 생기지 않은 것과 같은 이치이다. 삶의 근육은 시련을 통해서 강해진다. 남의 시련을 통해서는 결코 내 근육이 강해지지 않는다. 시련은 셀프로 겪어야 한다.

나는 베이비붐 세대의 끝자락에 태어났다. 부모를 부양하고 자식들에게 부양을 못 받는, 가장 치열한 경쟁 속에서 삶을 견뎌온 세대이다. 그러나 요즘 젊은이들을 보면 베이비붐 세대가 오히려 복받은 세대라는 생각도 든다. 경쟁이 치열했어도 일할 기회는 항상 있었고, 고도성장의 열매를 거둔 것도 베이비붐 세대였기 때문이다. 베이비붐 세대가 치열한 경쟁과 어려움 속에서 현재의 풍요로움을 누릴 수 있었던 원동력은 시련을 셀프로 견딜 수밖에 없었기 때문이다. 그렇게 현장에서 셀프로 겪은 시련 때문에 히말라야를 오르고 사하라 사막 마라톤을 할 수 있는 근성을 키울 수 있었다.

선물은 고난이라는 포장지에 싸여 있다

김밥이나 라면을 먹으러 가면 대부분 '물은 셀프'라는 문구가 보인다. 물은 누구나 기본으로 마시는 것이니 각자 알아서 해결하라는 것이다. 그럼 우리가 살면서 누구나 경험하는 기본적인 것은 무엇일까? 나는 그것을 '시련'이라고 생각한다. 가난한 사람이든 부자이든, 나이가 많든 적든 상관없이 크고 작은 시련들을 겪게 마련이다. 재벌이 감옥에 가기도 하고, 나이가 들어도 자식 문제든 건강 문제든 시련은 끊임없이 닥쳐온다. 누구도 피할 수 없는데다 누군가 대신 해줄 수도 없다. 나에게 닥쳐온 시련은 셀프로 견뎌야 한다. 하지만 그 열매는 달다.

성공학의 대가 브라이언 트레이시의 말처럼 신은 우리에게 선물을 줄 때 고난이라는 포장지에 싸서 준다. 나도 예전에는 열악했던 어린 시절이 무척 원망스러웠지만 지금은 다행이라고 생각한다. 당시는 시련을 셀프로 경험할 수밖에 없는 아주 좋은 상황이었다. 우리 아이들은 지금 모든 것이 갖춰지고 풍요롭지만 시련은 셀프로 경험하기 힘든 상황이다.

시련은 셀프다

손금이 아니라 얼굴의 주름을 보는 후배가 있다. 그 후배는 나이가 든 중년 이상의 얼굴에 있는 주름을 보고 운명을 판단하는 데 거의 정확하다고 한다. 주름의 모양이 그 사람이 살아온 삶의 방식을 나타내준다는 것이다. 고생을 많이 했어도 긍정적으로 살아온 사람은 주름의 모양이 친근하고 편안하다고 한다.

이 세상에서 가장 성공한 여성 중 하나인 오프라 윈프리의 과거는 지금의 화려함과는 너무도 거리가 멀었다. 부모로부터 버림받은 채 태어난 그녀는 성폭행, 자살시도 등으로 지옥 같은 청소년기를 보냈다. 그러나 어두운 청소년기를 이겨냈기에 지금 세계에서 가장 영향력 있는 여성이 되지 않았을까? 환한 그녀의 미소에서 이두운 과거는 찾아볼 수 없다.

시련은 누가 대신 앓아줄 수도, 대신 울어줄 수도 없다. 스스로 견뎌야 의미가 있고 그래야 삶의 근육을 키울 수 있다. 셀프 주유소가 가격을 할인해주듯 셀프로 시련을 견디면 그만큼 삶의 대가를 할인받을 수 있다. 적극적으로 시련을 찾아 스스로 견뎌라. 그것이 자신만의 삶을 멋지고 행복하게 사는 최선의 길이다.

별을 보면서 뻘을 걸어라

누구나 꿈꾸고 희망하는 것은 천국이다. 하지만 꿈꾸고 희망하는 것을 현실화시키기 위해서는 지옥과 같은 현실의 가시밭길을 통과해야 한다. '꿈은 천국에 가깝고, 현실은 지옥에 가깝다'라는 말이 있는 것도 이런 연유다.

– 야나이 다다시, 유니클로 CEO

멋진 소원을 빌어라

만일 램프의 요정이 나타나서 무슨 소원이든 들어준다고 하면 100만 원만 달라고 말할 사람이 있을까? 수천억을 말해도 부족할 것이다. 50m 앞 땅바닥에 앉아 있는 참새나 50m 앞 나무 위에 앉아있는 참새나 잡기가 어려운 것은 마찬가지이다. 기왕이면 되도록 어렵고 높은 것을 소망해야 한다. 꿈은 별처럼 멋지고 근사해야 한다. 그래야 별을 바라보며 험난한 현실을 걸어 나갈 수 있다.

배를 보기 전에 바다를 보라

《어린왕자》의 작가 생텍쥐페리는 이렇게 말했다. "배 만드는 법을 가르치기 전에 먼저 바다에 대한 동경을 심어줘라. 그러면 스스로 방법을 찾아낼 것이다." 배를 만드는 이유는 바다로 나아가기 위함이다. 이런 궁극적인 목표의식 없이 목재를 구하고 못질하는 눈앞의 일만 신경 쓰면 처음에는 진도가 빨리 나간다. 그러나 일이 힘들어질 때마다 '내가 왜 이 고생을 하는 걸까?' 하고 쉽게 지치게 된다. 여차저차해서 배를 다 만들어 바다에 띄웠는데 문제가 생겨 가라앉는 경우 '배를 다시 만들어야 하나? 힘들여서 다시 만들었는데 또 실패하면 어떡하지?' 등 수많은 갈등으로 포기할 가능성이 높다.

반면 바다에서 보게 될 장엄한 광경, 배를 타고 가서 보게 될 가슴 뛰는 새로운 세계, 거친 파도와 함께 불어오는 시원한 바닷바람 등을

서해안 갯벌을 걷는데 발이 푹푹 빠져서 정말 힘들었다.
사막을 걷는 것보다 몇 배는 힘들다.

생각하면서 배를 만든다면 어떤 어려움이 닥치고 몇 번을 실패하더라도 결국 배를 만들어 바다로 나아갈 것이다.

북극성은 길 잃은 모든 사람들에게 방향을 알려준다. 북극성이 있기에 현실이 아무리 힘들고 파도가 몰아쳐도 올바른 쪽으로 갈 수 있다. 하늘의 별과 같은 높은 이상을 추구하면서 뻘과 같은 현실 속을 걸어 나가야 한다.

멈추지 말고 꿈부터 써라

《멈추지마 다시 꿈부터 써봐》의 작가 김수영은 중학교를 중퇴한 소위 '문제아'였다.

검정고시로 1년 늦게 실업계인 여수정보과학고에 입학하고 기자가 되겠다며 대학 진학을 준비했다. 주변 사람들은 '네 분수를 알아라' 하며 비웃었지만 그녀는 1999년 연세대에 합격해 영문학과 경영학을 복수 전공하고, 졸업 후 세계 최고의 투자은행 골드만삭스에 입사했다. 그러나 몸에서 암 세포가 발견돼 충격을 받은 그녀는 죽기 전에 해보고 싶은 것을 쭉 써내려갔다. 그렇게 자신의 꿈 73가지를 담은 버킷리스트가 완성되었다.

'인생의 3분의 1은 한국에서 살았으니 다음 3분의 1은 세계를 돌아다니고, 마지막 3분의 1은 가장 사랑하는 곳에서 살고 싶다'는 첫 번째 꿈을 이루기 위해 2005년 무작정 런던행 비행기 표를 끊어서 한국을 떠났다. 런던대학교에서 석사를 마치고 2007년부터 로열더치

셸 영국 본사에 입사해 연 800만 달러의 매출을 책임지는 매니저로 근무했다. 그 후로도 부모님께 집 사드리기, 킬리만자로 오르기, 뮤지컬 무대에 오르기 등 지난 7년간 70여 개국에서 46가지의 꿈을 이뤄왔고 2011년 6월부터 영국 런던을 시작으로 365일간 25개국을 여행하며 365명의 삶과 꿈을 담은 '꿈의 파노라마' 프로젝트를 진행했다. 이 모든 것이 죽음을 눈앞에 둔 상황에서 무작정 적어 내려간 '꿈'이 이루어낸 결과였다.

10km를 목표로 뛰는 사람은 5km부터 지치지만, 100km를 목표로 뛰는 사람은 50km부터 지치기 시작한다. 목표를 높게 잡을수록 목표에 맞춰서 잠재력이 발휘된다. 마라톤을 할 때도 사하라 사막마라톤을 생각하면 견딜 수 있다. 북한산을 오를 때도 히말라야를 떠올리면 그리 힘들지 않다. 한강변에서 뛰거나 북한산에 오르면서 아무 목표의식 없이 그냥 건강을 위해서 또는 특별히 할 것도 없고 남들이 가니까 따라간다면, 몇 배로 힘들게 느껴진다.

무엇을 하더라도 현실은 힘들다. 하지만 현실은 쉽게 바뀌지 않는다. 그럴 땐 생각을 바꾸어야 한다. 미래를 선명하게 꿈꾸고 그 꿈을 강화하면 힘든 현실이 쉬워진다.

텔 미 비전

영어로 'vision'은 '상상, 환상'이라는 뜻 외에 '시력, 눈, 시야'라는 뜻을 가지고 있다. '텔레비전'은 원격으로 볼 수 있는 장치를 의미하는 셈이다. 우리가 흔히 말하는 비전이란 자신의 미래가 마치 눈앞에 있는 것처럼 생생하게 보이는 것을 의미한다.

비전에 대한 유명한 일화가 있다. 무더운 여름날 정비공들이 철도를 정비하고 있었다. 그때 기차 한 대가 천천히 다가오더니 누군가가 마지막 칸 창문에서 고개를 내밀고 말했다.

"데이비드! 오랜만일세!"

그러자 수리팀장 데이비드가 대답했다.

"어이 짐! 반갑구먼!"

둘이 한참을 웃으며 이야기하다가 짐이 떠나가자 정비공들이 데이비드를 둘러싸고 물었다. "데이비드 팀장님, 어떻게 철도회사 사장님인 짐과 그렇게 친하세요?"

그러자 데이비드는 대답했다.

"짐과 나는 오랜 친구였지. 20년 전에 한 철도회사에서 같이 일했거든."

데이비드는 자조적으로 웃었다.

"그때 나는 1달러 75센터의 시급을 위해 일했고, 짐은 철도사업을 위해 일했다네. 그래서 20년 후에 이렇게 차이가 벌어진 거야."

청소년들에게 미래의 꿈을 적어보라고 하면 대개 두 가지 부류로 나누어진다. 한 부류는 10년 후, 30년 후의 자신이 어떤 생각을 하면서 어떤 일을 하고 있을지를 구체적으로 적는 학생들이다. 한편 다른 부류는 "적을 것이 없는데요. 나중에 적으면 안 돼요?" 하며 마지못해 '아빠 되기, 회사원 되기, 행복한 가정 이루기' 등의 막연한 것이나 시간이 지나면 당연하게 이루어지는 것들을 꿈으로 적는 학생들이다.

미래의 꿈이 선명한 학생들은 '유명한 디자이너가 되어서 강의를 하고 있을 것이고, 나처럼 꿈은 있는데 경제적으로 어려운 학생들이 있다면 도와주고 싶다', '국내 최고의 대학에서 경영학을 전공하고 세계적인 CEO가 되어서 세계를 무대로 사업을 하고 있을 것이다', '법대를 졸업하고 어려운 사람 편에서 도움을 주는 판사가 되어있을 것이다' 등 꿈이 '눈앞에 보이듯이' 매우 구체적이고, '비전'을 가지고 있다. 비전이 있는 학생들은 공부도 즐거워하고 생기가 돈다. 반면 비전이 없는 청소년들은 공부뿐만 아니라 놀아도 매사가 지겹고 짜증난다. 왜 공부를 해야 하는지, 왜 살아야 하는지 목표가 없기 때문이다.

Tell me vision. 당신의 비전은 무엇인가? 선명한 꿈은 힘들고 암울한 현실을 밝게 비춰준다. 그래서 나는 누구나 마음속 깊이 숨겨놓은 꿈을 찾아주고 그 꿈을 지켜주는 것이 무엇보다 보람되고 즐겁다.

드림레터를 써라

드림레터는 나를 가슴 설레게 하는 별이다. 10년 안에 하고 싶은 것, 30년 안에 하고 싶은 것을 드림레터로 작성해 놓고, 실행한 것은 지우고 새로운 것을 추가한다. 만나는 사람들에게 드림레터를 이야기하면 크게 두 가지 반응을 얻는다. '나도 저렇게 살아야 되는데…' 하고 부러워하는 경우와 '알프스 몽블랑 트레킹도 가보세요. 정말 좋아요'라며 자신의 경험을 추천해 주는 경우이다. 그러다 보니 드림레터는 아무리 지워도 또다시 하고 싶은 것들로 계속 채워진다. 내가 10

년 안에 이루고 싶은 것들은 다음과 같다.

- 책 5권 저술하기

- 히말라야 안나푸르나(ABC) 10회 등반(현재 3회)

- 산티아고 순례길 800㎞ 트레킹

- 쿠바 아바나에 있는 헤밍웨이가 묵었던 암보스문도스 호텔에서 헤밍

  웨이 소설 읽기(2017년 6월 암보스 문도스 호텔 2일 숙박)

- 중국에서 중국어로 강의하기

- 우주여행

헤밍웨이가 머물렀던 쿠바 암보스 문도스 호텔을 배경으로 한 컷!

 여행은 가슴이 떨릴 때 떠나야지 다리가 떨릴 때 떠나는 것이 아니다. 미래에 하고 싶은 것을 앞당겨서 지금 하면 열정과 에너지가 샘솟는다. 뿐만 아니라 가슴을 뛰게 하는 또 다른 별을 만들게 된다. 그렇게 살아보면 삶이 추월 차선을 타게 된다.

시력보다 중요한 것

헬렌 켈러는 다음과 같이 말했다.

"사람들은 맹인으로 태어나는 것보다 더 불행한 것이 뭐냐고 나에게 묻는다. 그럴 때마다 나는 대답한다. 시력은 있으나 비전이 없는 것이라고."

목표가 없는 사람은 평지에서도 앞으로 나아가지 못한다. 그러나 목표가 분명한 사람은 험한 산길에서도 힘차게 앞으로 나아간다. 나는 높이 떠 있는 선명한 별이 있기 때문에 현실의 뻘이 질척거려도 한걸음 한걸음 쉬지 않고 나가고 있다. 지금까지 지치지 않고 올 수 있었던 것은 항상 가슴 설레는 삶을 살아왔기 때문이다. 사람이 죽는 때는 숨이 멈추는 때가 아니라 꿈이 멈추는 때이다.

세일즈로 도전을 전도하라

앞으로 20년 후 당신은 저지른 일보다 저지르지 않은 일에 대해 더 후회할 것이다. 지금 당장 안전한 항구에서 밧줄을 풀고 항해를 떠나 탐험하고, 꿈꾸며, 발견하라.

— 마크 트웨인, 미국 소설가

아빠를 팝니다

"우리 아빠를 5만 달러에 팝니다!"

한스 게에제의 《아빠를 팝니다》라는 책을 보면 실직한 가장 디노의 이야기가 나온다. 케이크 회사에서 일하는 디노는 성실하고 정직하지만 요령이 없다. 회사에서 가짜 케이크로 신제품 사진을 찍는 것을 보고 진짜 케이크로 다시 찍으라고 한 사건 때문에 디노는 회사에서 해고당한다. 이에 충격을 받은 디노의 14세 아들 샘은 실직한 아빠의 상품가치를 높여서 유명 베이커리 프랜차이즈에 연봉 5만 달러에 판매한다. 결국 디노는 정직함을 무기로 베이커리 사업에서 성공해 부자가 된다. 자신의 가치를 세일즈해서 위기를 돌파한 사례이다.

안전할 때가 위기다

나는 IMF 위기 때 은행 인사부에서 근무했다. 직접적인 구조조정 업무를 담당한 것은 아니었지만 30% 가까운 동료들이 눈앞에서 잘려나가는 것을 보는 것은 정말 괴로웠다. 매일 모이를 주던 손이 어느 날 닭의 모가지를 비틀었던 것이다. 이대로 있다가 다음은 내 차례가 될지도 모르겠다는 불안감에 매일 밤잠을 설쳤다.

그러던 중 하루는 세일즈를 하는 후배가 찾아왔다. 이참에 세일즈를 해 보는 게 어떻겠냐는 것이었다. 마침 나는 전부터 세일즈에 대해서 관심을 가지고 있었기에 진지하게 고민해 보았다. 세일즈는 불황 없이 오래 할 수 있으며, 사람들을 만나고 여행을 좋아하는 나의 적성에도 맞았다. 또한 누군가가 어려울 때 도움이 될 수도 있었다. 확신이 서자 나는 주저 없이 은행을 박차고 나와 가장 난이도가 높다는 보험 세일즈에 뛰어들었다.

17년차인 지금 와서 돌이켜보면 다행히 당시 나의 선택은 옳았다. 위기를 기다려서 탈출을 한 것이 아니라 과감하게 스스로 위기를 만들고 돌파구로 나온 것이다. 세상에 영원한 안전지대는 없다. 가장 위험한 것은 서서히 끓는 냄비 속에 개구리처럼 머무르려는 것이다. 자신을 벼랑 끝에 세우고 날을 가는 것은 얼핏 위험하고 불안해 보이지만 사실은 가장 안전하고 편안하다.

안정적이라고 생각했던 전문직들이 갑자기 어려워지는 사례는 많다. 법무사 사무실을 하는 후배가 사무장을 뽑으려고 모집 공고를 냈더니 전직 변호사가 지원을 했다고 한다. 변호사 자격증을 가지고 있다고 하더라도 홍보가 제대로 되지 않으면 수입이 보장되지 않기 때문이다. 좋은 위치에 비싼 사무실을 의욕적으로 오픈했는데 일거리가 없으니까 얼마 못가서 임대료도 못 내고 직원들 월급 주기도 어렵게 된다. 사무장에 지원하는 변호사들은 사무장을 하면서 세일즈도 배우고 고객을 확보한 후 본인 사업을 다시 시작하려는 속셈이었다.

이처럼 공부를 많이 한 전문직도 자신의 능력을 제대로 세일즈하지 못하면 살아남기 어렵다. "능력도 있고 일도 잘하는데 왜 대접을 제대로 못 받는지 이해를 못 하겠어"라는 말을 흔히들 한다. 답은 간단하다. 자기 자신을 제대로 세일즈하지 못했기 때문이다. 이 시대는 세일즈로 고객을 확보하거나 자신을 나타내지 않으면 생존할 수 없는 시대이다.

사장도 의사도 세일즈한다

'천호식품'의 김영식 사장은 세일즈로 위기를 돌파한 대표적인 인물이다. 1997년 IMF가 터지고 그 많던 직원이 몇 명 안 남았을 때 김 사장은 모든 일을 혼자서 처리해야 했다. 결국 아내가 선물해준 반지를 전당포에 맡기고 받은 130만 원으로 서울에 월세 사무실을 얻었다. 사장 체면도 쓰레기통에 버리고 강남역 지하도 입구에서 전단지를 돌리며 세일즈를 했다. 그렇게 세일즈 시작 2년 만에 매출은 무려 100배가 올랐다. 현재 김 사장은 베스트셀러 《10미터만 더 뛰어봐!》의 저자이자 젊은이들의 창업 멘토로 존경을 받고 있다. 그는 주저앉았을 때 땅을 내려다보지 않았다. 흙먼지를 뒤집어쓰고서도 고개를 들어 앞만 바라보았다.

동료 중에 세일즈의 가치를 누구보다 높게 평가했던 치과의사가 있었다. 그에게 왜 치대를 갔냐고 물어보니까 그냥 학력고사 점수가 높게 나와서 갔다고 했다. 적성을 고려하지 않고 단지 점수에 맞춰서 자신의 진로를 정했던 것이다. 그와 강원도에서 서울까지 차를 타고 오면서 많은 이야기를 나눴다. 본인은 사람을 만나고 돌아다니면서 이야기하고 경험하는 것을 좋아하는데 치과의사 일은 그와 정반대라는 것이다. 치과에서는 기계장비를 입 속에 넣는 순간, 대화가 중단된다. 의사의 일방적인 처방과 시술만 있을 뿐이다. 어떤 경우는 1년을 치료해도 그 환자와 대화다운 대화를 나눌 수 없었다고 한다.

부모님에게는 자랑스러운 아들이었고 병원도 잘 운영되었지만 결국 그 친구는 병원을 정리하고 세일즈에 뛰어들었다. 일반적으로 사람들은 치과의사를 최고의 직업으로 인정하고 세일즈는 그보다 하찮은 직업으로 생각한다. 그러나 이 치과의사는 최고의 전문직보다 세일즈에 더 많은 가치를 부여했다. 그 치과의사는 세일즈를 직접 경험해 보니 예전의 생각이 편견이었음을 알게 된 것이다.

3할 타자가 되자

실패가 두려워서 도전를 피한다면 그 자체가 이미 실패한 삶이다. 차라리 앞장서서 실패에 도전하면 실패는 없다. 야구에서는 3할만 쳐도 에이스다. 10번 타석에 올라 그 중 7번을 아웃당하고 3번만 안타를 쳐도 최고라고 인정받는 것이다.

세일즈에서도 성공할 확률보다 실패할 확률이 몇 배나 높다. 수많은 실패 사이에 가끔씩 성공이 모여서 전체적인 성공의 모습이 그려진다. 오래가는 성은 작은 돌과 큰 돌이 섞여서 쌓인 성이다. 그래야 포탄이 날아와도 단번에 무너지지 않는다. 작은 돌은 실패를 의미하고, 큰 돌은 성공을 의미한다. 실패로 쌓아올린 성은 쉽사리 무너지지 않는다. 싸움을 지휘하는 높은 망루의 지휘소는 작은 돌로만 쌓여져있다. 그래서 포탄이 날아와도 구멍이 날 수는 있어도 무너지지는 않는다.

큰 계약만 쫓아다니는 세일즈맨은 오래하기 힘들다. 작은 계약도 소중히 정성을 들여서 하다보면 작은 고객이 성장하여 큰 고객이 되거나 다른 큰 고객을 소개시켜 주기도 한다. 세일즈에서는 3할, 아니 2할만 꾸준히 쳐도 인정받는 타자가 될 수 있다.

궁하면 변하고 변하면 통한다

《파는 것이 인간이다》라는 책에서 대니얼 핑크는 미국 전체 인구의 9명 중 1명이 판매와 관련된 일을 한다고 말한다. 놀라운 것은 나머지 8명 역시 상품을 판매하는 것은 아니지만 타인을 설득하여 무엇인가를 공유하도록 하고, 어떤 것을 취하도록 하고, 움직이도록 하는 판매를 하고 있다는 것이다.

《아빠를 팝니다》에서 디노가 위기를 발판삼아 도약했듯이 위기는 돌파구를 찾는 사람에게는 기회일 뿐이다. 나에게 있어 그 돌파구는 바로 세일즈였다. 궁하면 변하고 변하면 통한다는 말이 있다. 위기가 다가오고 있는가? 그렇다면 궁지에 몰려서 가까스로 탈출하지 말자. 차라리 스스로 위기를 만들고 정면으로 돌파해 나가자.

2장

히말라야에서 나를 만나다

산에서 배운 삶

나누고 뿌리고 베풀고

돈 쓸 때와 돈 벌 때

터널이 기적을 만든다

색소폰으로 색다른 삶을 연주하다

밑에서 공감하라

끝에서 시작하라

한번을 오른다면 히말라야로 가라

산에서 배운 삶

성공을 향한 과정은 등산과 같다. 산 밑에서 곧장 정상으로 뛰어오를
수는 없다. 산자락에서 출발해 한 걸음씩 내딛다 보면 오솔길을 지나고
등산로를 거쳐 정상에 오르게 된다.

 – 장샤오헝, 《마윈처럼 생각하라》

일등만 기억하는 더러운 세상

한때 "일등만 기억하는 더러운 세상!"이라는 말이 유행한 적이 있
었다. 개그콘서트 '나를 슬프게 하는 세상'에서 박성광이 술에 취한
채 세상을 향해 내뱉는 분노의 대사다. 우리 사회는 일등만 기억하고
대접해 준다. 모든 분야가 다 그렇다. 올림픽에서 은메달을 따면 슬픔
의 눈물을 흘린다. 세계에서 2등을 했는데도 주목받지 못한다. 모든
스포트라이트는 금메달을 딴 선수에게만 집중된다.

히말라야는 세계에서 가장 장대한 산맥이다. 8,000m가 넘는 봉우

리 14개 중에서 가장 높은 봉우리가 무엇이냐고 물으면 누구나 '에베레스트(8,848m)'라고 대답한다. 하지만 두 번째로 높은 봉우리는? 하고 물으면 막히기 시작한다. 정답은 K2(8,611m)다. 나아가 세 번째로 높은 봉우리(칸첸중가 8,586m)나 그 이하의 봉우리를 기억하는 사람은 거의 없다. 우리나라에서 가장 높다는 백두산이 겨우(?) 해발 2,750m에 불과하니 6,000m 봉우리가 우리나라에 있었다면 엄청난 대접을 받았을 것이다. 세상은 최고만을 기억한다.

내리막이 있어야 오르막이 있다

세계 최초로 에베레스트를 정복한 에드먼드 힐러리 경에게 한 기자가 물었다.

"그 높은 산을 어떻게 정복할 수 있었습니까?"

그러자 힐러리 경이 대답했다.

"그건 생각보다 간단합니다. 한 걸음 한 걸음 올라가는 것입니다. 확고한 목표가 있는 사람은 꿈을 이룰 때까지 계속 시도하지요. 중간에 장애물이 나타나더라도 절대 포기하지 않습니다. 오히려 새로운 방법을 찾아서 도전합니다. 만일 그래도 풀리지 않는다면 그 원인을 분석하고 연구합니다. 이쯤 되면 시련도 제풀에 꺾이게 마련입니다."

지금까지 나는 안나푸르나를 세 번이나 다녀왔다. 솔직히 TV에서 볼 때는 힘들어 보이지 않았다. 힐러리 경의 말대로 한 걸음씩 올라가다보면 결국 정상에 올라갈 수 있으리라 막연히 생각했다. 하지만 현장은 내 생각과 전혀 달랐다. 제대로 오르기도 전에 800m 한 번, 400m 두 번, 처음 시작한 높이만큼을 오히려 내려갔다. 이 높이만큼 언젠간 다시 올라가야 한다는 생각에 내려갈 때마다 고통스러웠다.

하지만 투덜댈 수 없는 이유가 있었다. 첫째, 8,000m가 넘는 봉우리 옆에는 3,000~7,000m 봉우리들이 무척 많다. 누구도 내리막 없이 단번에 정상에 오를 수는 없다. 이런 작은 봉우리를 넘어야만 높은 봉우리의 산에 도달할 수 있다. 둘째, 높은 산일수록 올라가기만 하면 마지막에 힘들어진다. 3번을 오르고 내리면서 기초체력이 다져지고, 고도에도 적응이 되어 목적지까지 무사히 올라갈 수 있다.

인생에도 굴곡은 늘 존재한다. 계곡을 내려가는 것은 실패가 아니라 단지 과정일 뿐이다. 나의 세일즈 인생에서도 성공과 실패, 잘될 때와 안 될 때가 반복되었다. 하지만 힘들더라도 포기하지 않았기 때문에 여기까지 올 수 있었다.

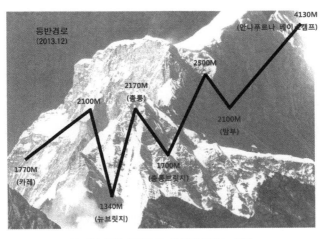

2013년 12월 히말라야. 세상에 공짜는 없다.
처음 출발지점 높이만큼 내려갔다 다시 올라가야 한다.

박찬호의 오뚜기 정신

"나는 오뚜기 인생을 살아왔다. 시련은 성장의 기회고, 행복은 성장의 대가다. 시련이 많다는 건 운이 좋은 일이다. 더 크게 성장할 수 있기 때문이다."

코리안 특급 박찬호가 뉴욕 양키즈에서 방출된 직후 한 말이다. 박찬호는 1994년 한양대 2학년 때 메이저리그 마운드에 올랐다. 그것도 메이저리그 역사상 17번째로 마이너리그를 거치지 않고 메이저리그로 직행한 초고속 출세였다.

그의 기록은 화려하다. 21세 어린 나이에 메이저리그에 올랐고, 한국인 한 시즌 최다승(2000년 18승), 첫 올스타전 출전(2001년), 5년 연속 두 자리 승수(97~2001년), 2001년에는 FA자격으로 5년간 6천 500만 달러짜리 초대형 계약을 했다. 명실공히 메이저리그 최정상급 투수로 불리기에 손색이 없었다.

하지만 그에게 늘 성공만 있었던 것은 아니다. 메이저리그 생활 17일 만에 마이너리그로 강등되었고, 최고 연봉을 받으며 텍사스 레인저스로 이적 후 부상으로 최악의 시즌을 보냈다. 한때는 부진의 늪에 빠져 자살 충동까지 있었다고 한다. 하지만 박찬호는 다시 일어나기 위해 끝없는 노력과 도전을 시도했다. 명상으로 마음을 다스리고 하루도 거르지 않는 연습으로 결국 다시 일어섰다.

그 후로 그는 다시 메이저리그로 복귀하고, 국가대표 에이스로 활약하며 1998년 방콕 아시안게임 금메달, 2006년 월드베이스클래식

4강을 이룩했다. 뿐만 아니라 124승이라는 동양선수 최다승 기록을 남겼고, 마지막 무대는 고향에서 은퇴를 하겠다는 약속마저 지켰다. 올리버 골드스미스가 말했듯이 성공이란 넘어지는 횟수보다 한번 더 일어서는 것이다.

정해진 것은 없다

생각만큼 수능점수가 나오지 않은 아들이 재수를 하겠다고 했을 때 나는 재수하지 말고 차라리 지방대든 전문대든 점수에 맞춰 갔으면 좋겠다고 말했다.

"3학년 여름 방학 때 공부가 안된다고 기숙학원을 갔던 것을 생각해봐라. 그때 기숙학원 나오면서 네가 무슨 말을 했니? 재수는 절대 안 할 생각이고 재수를 하더라도 기숙학원은 절대 들어가지 않겠다고 하지 않았니? 안 되는 공부가 재수 한다고 어떻게 갑자기 잘 될 수 있겠어?"

나는 네가 정 재수를 하고 싶다면 각오를 다질 겸 히말라야에 다녀오라고 말했다. 사실 큰 기대를 한 것은 아니었다. 아들이 등산을 정말 싫어했기 때문이다. 하지만 내가 잊어버렸을 때 의외로 아들이 먼저 히말라야 이야기를 꺼냈다. 그만큼 재수에 대한 두려움이 컸나보다.

히말라야를 다녀온 다음날 아들은 기숙학원으로 입소했고 기대 이상으로 성적이 향상되어 지금 대학생이 되었다. 심지어 그토록 등산을 싫어하던 아이가 대학 합격 후에 히말라야를 두 번째로 다녀왔다. 인생에 정해진 틀은 없다. 아들의 다음 여행지가 어디가 될지는 나도 본인도 모른다.

멀리 있는 산을 보라

안나푸르나를 오르다 보면 눈앞에 있는 4,000m 높이의 봉우리가 먼 곳에 있는 8,000m 봉우리보다 훨씬 높게 느껴진다. 인생에서 눈앞에 닥치는 문제들도 마찬가지다. 당장 급한 일에 치여서 살다보면 정작 계획한 목적을 이루기가 힘들다. 파김치가 되어 하루를 끝내며 '내가 이렇게 살려고 한 것이 아닌데'라고 후회하는 경우가 많다. 세일즈에서도 한 주 한 달의 실적에만 급급해서는 롱런하기가 힘들다.

가까이 있는 4,000m ~ 6,000m 산이 먼 곳에 있는
8,000m 봉우리보다 훨씬 높아보인다.

인생을 생각한 대로 살려면 멀리 있는 산을 보면서 가야 한다.

아무리 잘 나가는 세일즈맨도 항상 성공만 하는 것은 아니다. 살다 보면 반드시 슬럼프를 겪게 된다. 많은 후배들에게 부러움을 사는 성공한 선배도 힘들 때는 전철에 타서 이렇게 외쳤다고 한다.

"여러분, 저는 영업을 하는 세일즈맨입니다. 그런데 지금 정말 힘듭니다. 저를 위해 박수 좀 쳐주세요."

그러면 재미있기도 하고 안쓰럽기도 해서 사람들이 격려의 박수를 크게 쳐준다. 그리고 다음 정거장에 내리면 알 수 없는 힘이 생겨 다시 일에 집중할 수 있었다고 한다.

삶이 힘들 때 히말라야에 가자

최근 공들여서 성사시켰던 큰 계약이 취소된 일이 있었다. 옛날 같으면 미워하고 실망하면서 상처의 수렁에서 헤어나지 못했을 것이다. 하지만 히말라야에 3번이나 다녀오고 나니 이 정도 일은 실패가 아니라 계곡을 하나 내려가는 경험으로 생각되었다.

속담에 '산이 높으면 골이 깊다'라는 말이 있다. 히말라야를 등반하면서 자주 쓰는 이 속담이 새로운 의미로 다가왔다. 문득 사는 것이 힘들다면 히말라야를 가라. 삶이 너무 쉽고 편하게 느껴진다면 그때도 히말라야를 가라. 산은 우리가 힘들 때는 견뎌낼 기운을, 편할 때는 도전할 용기를 준다.

나누고 뿌리고 베풀고

인생의 목적은 이기는 것이 아니다. 인생의 목적은 성장하고 나누는 데 있다. 당신이 그동안 살아오면서 행한 모든 것들을 돌이켜볼 때 당신은 다른 사람들을 앞지르거나 이겼을 때보다 다른 사람의 삶을 기쁘게 해 준 것에서 더 큰 만족감을 느낄 것이다.

– 랍비 헤럴드 쿠시너

나눔은 축제다

예전에 지미 카터 워크프로젝트(JCWP)에서 주최하는 사랑의 집짓기 행사에 참여한 적이 있다. 자비로 신청해서 참여하는 봉사활동이었는데 미국, 멕시코, 인도를 다녀왔다. 무주택자에게 집을 지어 주는 활동이다. 일과는 새벽 4시부터 시작되었다. 순환버스가 숙소로 오면 일용직 일꾼(?)처럼 그것을 타고 현장으로 향한다. 업무는 각자의 능력과 경험에 따라 주어졌다. 의사, 간호사, 목수 등은 전문적인 일을 담당했고, 나같이 특별한 기술이 없는 사람은 잡다한 일을 도왔다. 그밖에도 피부가 타지 말라고 썬크림만 발라주는 사람, 일이 힘들 때 마술을 통해 즐거움을 선사하는 사람, 쉴 때 악기를 연주하며 신나는 음악을 들려주는 사람도 있었다. 열심히 일을 하다 음악 소리가 들리면 잠시 하던 일을 멈추고 신나게 춤을 추고 난 후 다시 일터로 돌아갔다.

일을 다 마치면 각국의 사람들이 삼삼오오 짝을 이뤄 맥주 한 잔을 마시며 인생을 이야기했다. 머리가 희끗희끗한 노부부들에게 어떻게 여기까지 오게 되었냐고 물어보았더니 이렇게 대답했다.

"지금까지 우리도 여느 부부와 마찬가지로 아이들 키우면서 행복하게 잘 살았어요. 그동안 누군가 우리를 도와줬기 때문에 이렇게 잘 살아왔다고 생각해요. 이제부터는 받은 것을 돌려주어야죠. 그래서 일을 한다기보다 즐기는 마음으로 왔어요."

이런 마음가짐으로 참여했기에 나눔은 곧 축제가 될 수 있었다.

2006년 10월 인도 뭄바이 해비타트 사랑의 집짓기 봉사활동 기간 중 마술로 우리를 즐겁게 해 주었던 마술사와 당쇠형님. 그때 안젤리나 졸리의 영화 촬영에 따라왔던 브래드 피트와 2일간 집을 같이 지었음.

나 자신을 위한 봉사활동

내가 근무하는 회사에서는 매년 전국 중고생 자원봉사대회를 개최한다. 대회에서 상을 받은 학생들과 1박2일을 보내면서 그들의 사례 발표를 들을 기회가 있었다. 한 여학생이 울먹이며 발표했다.

"사실 저는 좋은 대학에 가려고 억지로 봉사활동을 시작했어요. 제가 별로 해준 것도 없는데 몸이 불편한 분들이 너무 고마워하셨어요. 처음에는 당황스러웠는데 몇 번을 반복하다보니 이렇게 불편한 분들을 이용해서 내가 대학을 가려 했다는 것에 너무 미안한 마음이 들었어요. 그 다음부터는 자발적으로 참여했고, 봉사하는 날이 기다려지면서 전혀 힘들지도 않았어요."

가끔 사람들은 왜 자기 돈을 들여서 그런 힘든 일을 하냐고 묻는다. 그 시간에 세일즈를 하면 돈을 더 벌 수 있는데, 돈과 시간이 아깝지 않느냐는 것이다. 하지만 세상에는 돈으로 계산할 수 없는 것들이 많이 있다. 봉사는 내가 무언가를 준다는 마음으로 시작하지만, 결국 내가 더 큰 것을 받고 돌아온다. 현재의 공간을 벗어나 나 자신을 돌아보는 계기가 되고, 새로운 긍정의 에너지를 받기 때문이다. 봉사는 계속되어야 한다. 남뿐 아니라 나 자신을 위해서라도.

주고 싶은 것? 받고 싶은 것!

히말라야의 포터들은 새벽부터 엄청난 무게의 짐을 지고 등반가들과 함께 산을 오른다. 하루 종일 일을 마치면 1만 원을 받는데 워낙 일자리가 부족해서 감사한 마음으로 일한다고 한다. 평소 점심값으로 아무 생각 없이 써버렸던 1만 원의 가치가 새롭게 느껴지는 순간이었다.

안나푸르나를 오르는 길은 3,000m가 넘는 산이지만 곳곳에 마을이 존재한다. 마을길을 따라 걸으면 동네 아이들이 구경을 나온다. 무언가 달라는 눈치로 빤히 쳐다보는 아이들의 순진한 눈망울을 외면하기 힘들어 첫 번째 등반할 때는 사탕이나 초콜릿을 주었다. 다녀와서 곰곰이 생각해보니 아이들이 양치질도 제대로 못하는 상황이라 군것질거리를 주는 것은 오히려 건강에 안 좋을 수도 있겠다는 생각이 들었다. 그래서 두 번째 갈 때는 필기구 세트와 티셔츠를 나눠주었다. 공부를 열심히 하라는 내 나름의 배려였다. 그런데 나중에 알고 보니 정작 그곳 주민들이 간절히 원하는 것은 바지였다고 한다. 우리나라에서도 어떤 행사를 하면 기념으로 주는 것은 티셔츠이지 바지를 주는 경우는 없다. 그러다보니 바지를 얻기가 힘들어서 그런 것 같다. 그래서 세 번째 갈 때는 필기구 세트 100개와 바지를 선물로 준비했다. 산타클로스처럼 선물을 꺼내는 순간 아이들이 얼마나 기뻐했던지! 아이들에게 관심을 가지고 세심하게 관찰하여 그들이 원하는 것을 정확히 알고 채워주자 기쁨은 몇 배가 되었다. 내가 주고 싶은 선물에서 아이들이 받고 싶은 선물로 관점을 바꾸었더니 더욱 큰 보람을 느낄 수 있었다.

2015년 1월 히말라야 등반 때 10대 후반의 포터들이 새벽부터 저녁까지
하루 1만 원 정도를 받고 무거운 짐을 져 나른다.

2013년 12월 히말라야인데 아열대 지역이라 한겨울에도 산 밑은 따뜻하다.
학용품을 받은 아이들이 좋아한다. 맨발인 아이들이 더 많다.
다음에 갈때는 신발을 가져가야 겠다고 생각했다.

공간이 있어야 행복이 들어선다

꼭 봉사활동을 해야 나누고 베푸는 것은 아니다. 각자의 자리에서 최선을 다해 서비스하는 것도 봉사 못지않게 중요하다. 한번은 경기도에서 한식집을 운영하는 고객과 대화를 나눈 적이 있다.

"어떻게 음식점으로 이렇게 성공하셨어요?"

"새벽부터 열심히 일했고, 독특한 아이디어로 새로운 메뉴를 많이 개발하여 성공했어요. 고생한 것을 책으로 쓰면 몇 권 쓸 수 있을 정도예요."

고객은 말을 이었다.

"그런데 아무리 좋은 메뉴를 만들어도 손님이 먹어주지 않으면 아무 소용이 없더라고요. 그렇기에 제가 지금까지 잘 살고 있는 것은 결국 손님들 덕분인 것 같아요."

해비타트 봉사자들의 이야기도, 음식점 사장님 이야기도 결국 의미하는 바는 하나다. 지금의 내가 있기까지 누군가의 도움이 있었기에 나도 누군가에게 도움이 되어야 한다는 것이다.

세일즈도 혼자 잘나서, 혼자의 노력으로 성공했다고 생각하면 오래하기 힘들다. 내가 아무리 열심히 영업을 해도 고객이 사주지 않으면 소용이 없다. 누군가의 도움을 받는다는 감사한 마음으로 세일즈를 하는 것이 중요하다. 이런 생각을 하면서 살다보면 문득 받은 것을 돌려주어야 한다는 생각이 들게 된다. 자연스럽게 나누고 봉사하는 삶을 살게 되는 것이다.

여유를 갖지 못하면 행복할 수 없다. 강제적이든 자발적이든 여유를 만든 만큼 사람은 창의적이고 행복해진다. 돈이 아무리 많고 지위가 높아도 마음의 여유가 없으면 행복이 깃들 공간이 없다. 여유를 만드는 가장 확실한 방법은 나누고 봉사하는 것이다. 나누고 봉사하다보면 마음의 여유가 만들어지고, 그 여유로운 공간에 행복이 둥지를 틀게 된다.

나누지 않으면 나뉘어진다

세일즈를 시작한 지 10년째 되었을 때 대학생들을 위한 해외봉사 프로그램에 강의료 수입을 전액 기부한 적이 있다. 그것도 수강생들이 낸 강의료를 기부한 것이 아니라 강사인 내가 참석인원 1인당 5천 원씩 기부했다. 모두 300명 정도 참석했으니 150만 원을 기부한 셈이다. 10년간 내가 잘 살아온 것은 고객들 덕분이기도 하지만 같이 한 동료들 덕분이기도 했다. 이런 기부행사는 어려운 대학생들에게 나의 물질을 나누어주는 한편, 고마운 동료들에게 나의 지식을 나눠준다는 의미이기도 했다.

20년이 된다고 해도 누군가의 도움 없이 나 혼자의 힘만으로는 성공할 수 없을 것이다. 도움 받은 누군가를 위해 나는 또 나눠주려 한다. 재능기부를 하는 것은 도와준 분들에 대한 보답이기도 하지만 10년을 잘 견뎌온 내 자신에게도 의미 있는 선물이다. 그로 인해 나는 미래의 또 다른 10년을 위해 다시 힘차게 출발할 수 있다. 나눌 기회를 피해가는 사람들도 있지만 나는 나눌 기회를 스스로 만들어서 나누었다. 그리고 그 기회는 나에게 또 다른 기회들을 만들어 주었다. 좋은 정보를 동료들끼리 나누지 않고 각자 움켜쥐고만 있으면 그 조직은 오래가지 못한다. 반면 서로 사소한 정보라도 나누려 하면 정보는 시너지효과를 발휘하게 되어 좋은 성과를 내게 된다. 지식이든 회사든 나누지 않으면 나뉘어진다.

인간의 위대함이란

《어린왕자》로 유명한 작가 생텍쥐페리는 《사색노트》에서 다음과 같이 말했다.

"인간의 위대함이란 항상 자신을 초월하여 행동하는 데서 비롯된다. 인간이 자신의 이해관계만 추구하게 되면 참혹하고 비참해지는 반면, 남을 위해서 봉사하고 희생할 수 있을 때에는 존경과 찬사를 한 몸에 받아 마땅하다."

치열한 경쟁사회에서 나보다 남을 먼저 배려하고 나누는 것은 쉽지 않다. 그래서 우선 나부터 열심히 나누고 베푸는 삶을 살려고 한다. 이런 사람이 한 사람, 두 사람 늘어나면 좀 더 살기 좋은 세상이 되지 않을까? 봉사하고 나누는 것은 강제로라도 경험을 해보는 것이 중요하다. 일단 해보면 내가 바뀌고 세상이 바뀐다.

돈 쓸 때와 돈 벌 때

사람들은 돈을 시간보다 더 소중히 여긴다. 그러나 그 때문에 잃어버린 시간은 돈으로 결코 다시 사들일 수 없다.

— 탈무드

차원을 높여라

히말라야에 올라갈 때 3,000m 이상 올라가면 기후 변화가 무척 변덕스럽다. 우리나라 한라산이나 설악산, 지리산을 등산해 본 사람들은 공감할 것이다. 하물며 히말라야는 베이스캠프라고 하더라도 최소 4,000m가 넘으니 날씨가 얼마나 변덕스럽겠는가. 그런 높이에서 정상을 볼 수 있는 것은 운 좋은 날 잠깐뿐이다. 잠시 보였다가도 곧 안개와 구름, 진눈깨비로 가려지고 만다. 그런데 이게 웬일인가. 하산 후 국내선 비행기를 타고 구름 위로 올라가자 6,000m가 넘는 수많은 봉우리가 햇볕을 받으며 우뚝 서 있는 것이 아닌가. 그렇게 올려다보기 힘들었던 정상이 차원을 딜리하자 모두 한눈에 내려다보이는 것이다.

구름과 안개로 보기 힘든 정상들

2011년 11월 구름 위로 올라온 비행기에서 본 히말라야
6,000m 이상에 있는 선명한 봉우리들

공부나 사업도 마찬가지다. 고만고만한 사람들이 모여 있는 수준이 낮은 리그에서는 경쟁도 치열하고 먹고 살기조차 힘들다. 그러나 수준이 일정 레벨 이상으로 높아지면 6,000m 이상의 봉우리가 비바람에 영향을 받지 않듯이 경기변동이나 다른 것에 전혀 영향을 받지 않는다. 차원이 달라지면 눈높이가 달라지고, 눈높이가 달라지면 생각과 행동이 모두 달라진다.

큰 공을 굴려라

커피숍에서 아르바이트를 하더라도 돈만 벌기 위해서 하는 경우에는 할 일만 하고 정시에 퇴근한다. 하지만 자신의 가치를 높이기 위해서 아르바이트를 하게 되면 다르다. 내가 이 카페를 운영한다면 어떻게 하면 이익이 나고 손실이 발생하는지를 고민하기 때문에 근무시간은 큰 의미를 두지 않게 된다. 직원이지만 이미 사장이 된 것이나 마찬가지다. 가치를 높이기 위해서 일을 배우는데 월급까지 주니 너무 감사하고 행복하지 않겠는가. 결코 열정 페이를 착취당하라는 말이 아니다. 어떤 일을 하든지 그 일이 내 가치를 높이고 있는지 또는 깎고 있는지를 생각해보라는 말이다.

차원이 낮은 곳에서는 아무리 성실하게 노력해도 더 성실하게 노력하는 경쟁자 때문에 힘들다. 비행기가 안정되게 수평으로 날기 위해서는 3천 피트(약 1만m) 이상 올라가야 하듯이 사람도 일정 고도에 올라가기 전까지는 돈을 벌기보다는 자신의 가치를 높이는 데 집중해야 한다. 낮은 고도에서 나는 비행기가 기류의 영향으로 불안정한 것처럼 낮은 차원에서 돈을 벌려고 하다보면 돈도 제대로 벌지 못하고 기회도 잃게 된다. '스노우볼' 효과라는 것이 있다. 작은 눈덩이를 굴리면 이리저리 몸만 바쁘고 별로 쌓이는 것이 없다. 반면 큰 눈덩이를 굴리면 한번을 굴려도 많은 것을 얻을 수 있다.

가치의 추월차선

한 아르바이트 학생이 인터넷에 다음과 같이 문의했다.

"저는 편의점 알바생입니다. 지금까지 시급 4천 원을 받고 6개월간 일을 했는데 돈을 못받았어요. 노동청에 체불임금진정서를 작성하여 제출하려하는데요. 받아야 할 돈과 추가금을 모두 합치면 100만 원 가까이 되네요. 정말 받을 수 있겠죠?"

안타까운 사연이다. 돈은 둘째 치고 그동안 잃어버린 시간과 기회는 어떻게 보상받아야 하는가? 내가 그 학생이라면 돈 100만 원을 벌겠다고 소중한 시간과 기회를 잃어버리느니 차라리 가족들을 설득해서 먼저 자신에게 투자할 수 있는 방법을 찾아보았을 것이다. 현재의 상황이 어쩔 수 없다는 핑계를 대고 안주하면 영원히 그 수준을 벗어날 수 없다. 자기 자신에 대한 투자는 대출을 받아서라도 해야 한다. 그러다 보면 반드시 길이 열린다. 또 대출금을 갚아야 한다는 절박감 때문에 자신의 가치를 올리는 동기가 몇 배로 높아진다. 우선 부모에게 자기 자신을 세일즈하라. 다른 사람들은 안 사줘도 자식은 믿고 사줄 가능성이 높다. 이것이 바로 '가치의 추월차선'이다.

고수의 생각법

세일즈 4년차 때였다. 당시 나는 일을 해서 세일즈 성과를 낼 것인가, 가치를 높이기 위해 공부를 할 것인가를 두고 고민했다. 마침 국제공인재무관리사(CFP)란 자격증이 필요할 때였다. 6개월 집중해서 3개월에 첫 번째 자격증(AFPK)을 취득하는 중에 두 번째 자격증도 같이 준비했다. 후반 3개월은 업무를 전폐하고 공부에만 전념했다. 겨우 합격을 한 수준이었지만 합격과 불합격은 하늘과 땅만큼의 차이가 있다. 주변에는 몇 년 동안이나 일과 공부를 병행하다가 자격증도 취득하지 못하고 일도 힘들어서 그만두는 경우가 많이 있었다. 하지만 당시 나는 과감하게 일을 접고 공부에 올인한 끝에 합격했고, 그 후로 손해 본 것의 몇 배의 이득을 볼 수 있었다.

바둑에서 7~8수 앞을 보는 고수는 1~2수 앞을 보는 초보와는 생각하는 차원이 다르다. 미래를 읽지 못하면 현재 가치가 아무리 높다고 하더라도 오래 유지될 수 없다. 미래의 나를 위해 현재의 돈과 시간을 과감하게 투자해야 한다. 가치를 높이는 방법은 첫째 되도록 먼 미래를 생각하는 것이고, 둘째 주위의 조언을 열린 마음으로 듣는 것이고, 셋째 과감하게 실행하는 것이다. 이 과정을 끊임없이 반복하면 그 사람의 가치는 반드시 높아지게 되어있다. 그런데 여기서 주의할 것이 있다. 빨대가 아니라 깔때기처럼 모든 조언은 긍정적으로 받아들이되 나에게 맞는 것을 가려서 써야 한다. 즉 실제 경험한 것 위주로, 내 생각보다 장기적인 이야기들 위주로 받아들이는 것이 중요하다.

40년을 위한 4년의 투자

2014년 7월 8일자 한국경제신문에 '의사 약사 줄파산, 10명 중 4명이 고소득 전문직'이라는 기사가 났다. 경쟁은 치열해지고 개업에 고비용이 소요되다보니 일어나는 현상이다. 지금 로스쿨에 다니는 딸에게 약학대학원 다닐 때부터 대학원 졸업 후에 취업보다는 로스쿨에 지원해보는 것이 어떠냐고 제안했었다. 처음에는 말도 안 된다고 강하게 거절하다가 잘 아는 약학대학 선배가 몇 년 후 로스쿨에 입학한 이후로 분위기가 달라졌었다. 어느 날 딸이 진지한 표정으로 물었다.

"제가 로스쿨에 진학하면 1년을 새로운 분야의 입시공부를 해야하고 다시 3년간 엄청난 학비가 들텐데 괜찮으시겠어요?"

아빠의 말에 약간 관심이 생겼다는 것이다. 그래서 나는 이렇게 말했다.

"네가 한다고만 하면 아빠는 기꺼이 투자할 용의가 있다. 돈은 네가 나중에 벌어서 갚으면 된다. 집을 팔고 대출을 받아서라도 학비는 대 줄테니 걱정마라. 네가 차원이 높아지면 앞으로 누릴 40년에 비하면 4년의 투자는 아무 것도 아니다."

그리고 내 고객의 실제 사례도 말해주었다. 그 고객은 수능만점을 맞고 서울대학교에서 전자공학을 전공한 후 사법고시에 합격했다. 그런 후 대형 로펌에서 3년 정도 근무한 후 경력직 판사에 지원하여 지금은 여성판사로 일하고 있다. 전혀 다른 분야에서 전혀 다른 차원의 삶을 살고 있는 것이다.

물 들어올 때 노 저어라

《성공하는 사람들의 7가지 습관》으로 유명한 스티븐 코비는 "중요하지 않지만 시급한 문제보다, 중요하지만 시급하지 않은 문제를 먼저 해결하라"고 말했다. 당장 눈앞의 이익보다 먼 미래를 보고 행동하라는 의미이다. 아는 사람 중에 도전적이고 미래 성장가능성도 높은 후배가 있었다. 대기업에서 해외영업을 하고 있었는데 본인의 전공과 적성에 맞고 연봉도 꽤 높았다. 하루는 그 후배가 2억 원 정도를 들여서 미국으로 MBA를 다녀올지를 고민하고 있었다. 주변의 반응은 부정적이었다.

"그건 너무 큰 모험인데? 미국에서 MBA 받고도 취직 못한 사람들도 많은데 그렇게 큰돈을 들여서 갈 가치가 있을까?"

해보지 않은 사람들의 조언은 대부분 부정적이다. 실제로 MBA를 받은 사람이거나 평소에 10년, 20년의 미래를 보는 사람의 조언이라면 가치가 있겠지만 그렇지 않다면 그런 조언을 받아들이는 데 신중해야 한다. 경험을 받아들여 소화하는 범위는 사람마다 다르다. 나에게 솔직한 의견을 묻길래 나는 빚을 내서라도 가라고 이야기했다. 자기에 대한 투자는 과감해야 한다. 사람도 성장판이 있을 때 많이 먹고 쑥쑥 자라야 한다. 그 시기를 놓치면 수술을 하지 않는 한 키가 자라지 않는다. 일도 마찬가지다. 일의 성장판이 닫히기 전에 성장해야 한다.

돈보다 가치를 벌어라

세일즈를 시작하고 8년 정도 되었을 때인 2009년 5월이었다. 부산 벡스코 행사에서 3천700명을 앞에 두고 세일즈 관련 강의를 한 적이 있었다. 강의가 나쁘지 않았던지 강의 후에 여

미국에서 한국 대표강사로 강의하던 모습

러 곳에서 강의 요청이 쇄도했지만 모두 단칼에 거절했다. 외부강의를 뛰면 수입은 더 많아질 수도 있겠지만 그러다 보면 본업인 세일즈에 소홀해질 수 있었다. 내 수입은 본업인 세일즈의 가치를 높여서 세일즈에서 창출되어야 한다는 것이 나의 신념이었다. 그러나 사내에서 후배들에게 나누어 주는 무료 강의는 계속했다. 내 강의에 사람들이 매력을 느끼는 것은 현장에서 건진 실전사례와 책에서 배울 수 없는 생생한 아이디어 때문이다. 그런데 강의에만 맛이 들려서 현장에 소홀하면 1~2년만 지나도 현장사례가 빈약해진다. 그러면 나 자

신의 경험에서 우러나오는 내용이 아닌 다른 책의 내용을 차용해서 강의를 하게 된다. 그렇게 되면 세일즈도 어려워지고 강의도 할 수 없게 된다. 나는 세일즈의 가치를 높여야 할 때 강의라는 달콤한 유혹을 뿌리쳤고 그 이후에 더 큰 가치를 인정받아 결국 2013년 6월 미국 필라델피아에서 한국대표 강사로 강의를 할 수 있는 기회를 얻을 수 있었다.

먼저 우물을 파라

곽숙철의 《경영2.0》을 보면 다음과 같은 이야기가 나온다. 한 선교사가 아프리카 오지로 복음을 전하러 갔다. 그 지역 원주민들은 아침에 눈을 뜨면 먼 길을 걸어가 강물을 길어오는 게 일과였다. 매일 똑같은 일을 반복하는 게 너무도 힘겨워 보여서 선교사는 혹시나 해서 동네 주변을 샅샅이 뒤져보았다. 마침내 마을 어귀 땅 밑에서 수맥을 발견한 그는 기쁜 마음에 마을의 추장을 찾아갔다.

"수맥이 있는 것을 발견했으니 마을 사람들을 모아서 함께 우물을 팝시다."

추장은 다음날 부족 회의를 열어 상의해 보겠다고 했다. 선교사는 당연히 우물을 파자는 의견에 동의할 것으로 믿었다. 하지만 부족 회의의 결과는 뜻밖이었다.

"다들 물 길러 다니느라 바빠서 우물을 팔 시간이 없다네요."

인생의 우선 순위가 무엇인지 다시 한번 생각해 볼 일이다.

터널이 기적을 만든다

어려움을 겪어보지 않은 사람은 인간이 얼마나 강한 존재인지 알기 힘
들다. 불가능, 그것은 나약한 자의 핑계에 불과하다.

– 릭 앨런, 외팔이 드러머

그가 '경영의 신'이 된 이유

아는 분 중에 별명이 '마당쇠'인 형님이 있다. 철도 기관사로 35년
근무 후 정년퇴직하시고 사랑의 집짓기 봉사활동, 히말라야 트레킹,
사하라 사막마라톤을 같이 다닌 내 인생의 동반자라고 할 수 있는
형님이다. 하루는 내가 농담 삼아 "형님, 기차가 터널만 만나면 기적
을 울리니까 터널이 기적을 울리는 것 맞죠?"라고 물었다. 그러자 마
당쇠 형님은 덤덤하게 "기적은 터널이 아니라 기관사가 만들지"라고
대답하셨다. 동문서답(東問西答)같은 우문현답(愚問賢答)이 아닐 수

없다. 가벼운 말장난 같은 대화였지만 여기서 나는 인생의 중요한 진리 두 가지를 깨달을 수 있었다. 첫째, 기적 같은 일은 어두운 터널을 지나지 않으면 절대 일어나지 않는다는 점이었고, 둘째는 결국 기적을 만들어내는 것은 상황이 아니라 사람이라는 점이었다.

나는 초등학교 6년 동안 운동화를 신어보는 것이 소원일 정도로 가난했다. 어린 시절 어두운 터널을 지나왔기 때문에 오늘의 내가 있는 것이다. 지금의 내 삶이 기적 같다고 생각하고 감사한다.

마쓰시타 고노스케는 일본 국민들이 '경영의 신'으로 존경하는 인물이다. 그는 자신이 성공한 세 가지 이유를 이렇게 말했다.

첫째, 집이 몹시 가난해서 어릴 적부터 힘든 고생과 많은 경험을 한 것

둘째, 태어났을 때부터 몸이 약해서 항상 운동에 힘쓴 것

셋째, 초등학교도 못 다녔기 때문에 항상 다른 사람들을 스승으로 삼아 배움에 힘쓴 것

이런 핸디캡이 없이 소위 금수저를 물고 태어났다면 오늘날의 마쓰시타 고노스케가 존재할 수 있었을까? 어두운 터널이 기적소리를 만드는 것처럼 시련이 큰 인물을 만든다.

당신의 총알은 무엇인가?

2012년 6월 미국의 세일즈 컨퍼런스에 참석했을 때 장애인 농구선수 브라이언의 강의를 들은 적이 있다. 브라이언은 휠체어를 타고 강

단에 올랐다. 그의 목에는 올림픽 메달이 2개나 걸려 있었다. 초등학교 시절 브라이언은 이빠가 경찰인 친구 집에 놀러갔다. 친구는 아빠의 권총을 자랑하다가 실수로 방아쇠를 당겼고 총알은 브라이언의 척추에 박혔다. 그날 이후 브라이언은 평생 휠체어를 타는 신세가 되었다. 절망의 나날을 보내던 중 아버지의 권유로 농구를 시작한 그는 올림픽에서 2개의 메달을 받게 된다. 강의를 마치고 브라이언은 마지막 메달을 꺼내서 목에 걸었다. 그것은 지금껏 척추에 박혀있던 총알로 만든 메달이었다. 브라이언은 이 총알이 없었다면 지금처럼 여러 사람들에게 희망을 주는 일도, 예쁜 아내에게 프로포즈를 할 수도, 경제적으로 풍요롭게 사는 것도 불가능했을 것이라고 말했다.

"여러분은 여러분의 몸에 어떤 총알을 지니고 살고 있나요?"

브라이언의 마지막 말에, 나에게 있는 총알은 무엇일까 곰곰이 생각해보았다.

목숨 걸고 노력하면 안 되는 일 없다

공장청소부로 시작하여 초정밀분야 세계 최고가 된 김규환 명장 역시 어려운 환경을 딛고 우뚝 일어선 인물이다. 일가친척도 없이 15세에 소년 가장이 된 그는 어린 동생을 안고 구걸을 하며 지냈다. 하루는 구걸을 하다 쫓겨나 논두렁에 처 박혀 한없이 피를 흘리다가 어떤 할머니 한 분이 거두어 주셔서 간신히 목숨을 부지할 수 있었다. 죽지 못해 목숨을 건진 그는 기술도 없이 대우중공업에 사환으로 들어가 마당을 쓸고 물을 나르며 회사생활을 시작했다. 그로부터 약 25년이 지난 지금 김규환 명장은 초등학교 과정의 학력으로 5개 국어를 구사하며 대학을 졸업하고, 62개 초정밀부품의 국산화를 이루었다. 하루 3~4건, 지금까지 총 2만 4천여 건의 아이디어를 제안했고, 요즘도 밤 10시에 취침하고 새벽 2시에 기상해서 아침 7시까지 하루 5시간 동안 독서를 한다고 한다. 실로 초인적인 열정이 아닐 수 없다. 이런 열정이 있었기에 무학에 가까운 학력으로 훈장 2개, 대통령 표창 4회, 발명특허 대상, 장영실상 5회 수상이라는 대기록을 이룰 수 있었을 것이다.

재미있는 것은 시험의 달인처럼 보이는 그도 국가기술자격 학과에 9번 낙방을 하고 1급 국가기술 자격시험에 6번 낙방을 했다는 사실이다. 심지어 2종 보통 운전면허시험에서도 5번 낙방했다. 당시 남들은 닭대가리라고 비웃었지만 지금은 어떤가? 우리나라 1급 자격증 최다보유자는 김규환 명장이다. 그의 가훈은 '목숨 걸고 노력하면 안 되는 일 없다'이다. 심지어 쇠를 가공할 때 온도가 1도 변할 때마다 쇠가 얼마나 변하는지 알기 위해 공장바닥에 모포를 깔고 재질, 모형, 종류별로 2년 6개월 동안 연구를 했다고 한다. 어떠한 시련에도 굴하지 않는 열정이 오늘날의 그를 만들지 않았을까.

일부러라도 터널을 만들어라

쉽게 이룬 성공은 없다. 힘든 과정을 이겨내고 얻은 성공이 대부분이다. 모두들 성공사례를 들을 때는 감동을 하면서도 똑같이 성공하지 못하는 것은 어두운 터널을 지나야 하는 대가를 치르지 않았기 때문이다.

내가 세일즈를 처음 시작할 때 매니저가 말했다.

"딱 3년만 집중하세요. 이 기간은 내 인생에서 없는 시간이라는 각오로 임한다면 3년 후에는 가만히 있어도 세일즈가 저절로 될 것입니다."

나는 그 말을 믿고 새벽부터 밤 늦게까지 휴일도 없이 정말 열심히 일했다. 고객을 만나기 전에는 밤새 프레젠테이션 자료를 만들고, 모든 경우의 수로 시뮬레이션 해보고, 갔다 와서는 그 내용을 분석하고 더 나은 방법을 선배들에게 물어보았다. 주말과 늦은 시간에는 성공한 세일즈 선배의 비디오 영상을 수없이 반복해 보면서 공부했다. 그렇게 3년을 보냈더니 그때 매니저의 말대로 고객이 고객을 불러오는 선순환이 이어졌다. 기적을 바란다면 일부러라도 어둡고 긴 터널을 만들어 보라. 때론 쉽게 갈 수 있는 길도 어렵게 돌아가는 것이 더 좋은 결과를 가져올 수도 있다.

아주 고지식한 친구가 있었다. 그 친구가 자신의 동생에게 보험 상품을 설명하니까 동생은 설명을 제대로 듣지도 않고 그냥 계약하겠다고 했다. 형이 하는 거니까 묻지도 따지지도 않고 그냥 해주겠다는 식이었다. 하지만 친구는 동생이 제대로 설명을 듣고 납득할 때까지 1년 이상 설득을 했다. 쉽게 계약할 수 있는 일도 진심을 다해 어렵게 돌아간 것이다. 결국 동생은 형을 도와주는 차원이 아닌 본인이 원해서 계약서에 사인을 했다. 기적은 그 다음에 일어났다. 상품에 정말로 만족한 동생이 태도를 180도로 바꾸어서 지인을 30명 이상 소개해주었던 것이다.

전화만 걸 줄 알면 뭐든지 할 수 있다

"저는 12살 때 빌 휴렛(휴렛 팩커드, HP의 공동창업자)에게 전화를 걸었어요. 그는 팔로알토에 살았는데 전화번호부에 그의 번호가 있었던 거죠. '안녕하세요, 스티브 잡스입니다. 저는 12살이고 고등학생인데요, 주파수 계수기를 만들고 싶어서 연락드렸습니다. 혹시 남는 부품이 있으시면 저에게 주실 수 있으신가요?' 그러자 그 분은 웃으시며 저에게 주파수 계수기를 만들기 위한 부품을 주셨을 뿐 아니라, 그 해 여름 제가 휴렛 팩커드에서 일할 수 있도록 해주셨어요."

애플의 창업자 스티브 잡스가 12살에 휴렛팩커드에 인턴사원으로 들어간 유명한 사건은 전화 한 통에서 비롯되었다. 일면식도 없이 전화번호부만 보고 용기를 내어 걸어본 전화 한 통에서 스티브 잡스의 원대한 꿈은 시작되었던 것이다. 세일즈맨들이 죽도록 싫어하는 것 중 하나가 전화하는 것이다. 강의할 때 전화하라고 하면 전화할 사람이 없다고들 투덜거린다. 그러면 나는 전화번호부를 들고 방에 들어가 문을 걸어 잠그고 2시간만 전화를 해보라고 말한다. 실제로 2시간 전화를 하고나면 기적같은 일이 일어난다. 전화할 사람이 갑자기 늘어나고 여기저기서 전화할 명단을 갖다 준다. 전화를 거는 사람 입장에서 전화번호부는 최악의 리스트이다. 그러나 지옥같은 터널을 지나니까 기적 같은 일이 벌어진 것이다. 기적을 바란다면 일부러라도 터널을 만들어야 한다.

색소폰으로 색다른 삶을 연주하다

인생에 있어서 가장 중요한 것은 실패했다고 해서 낙심하지 않는 일이
며, 성공했다고 해서 기쁨에 도취되지 않는 것이다.

— 도스토예프스키, 러시아 소설가

호흡을 일정하게

나는 언젠가 가족음악회를 하고 싶다. 아들은 클래식 기타를 10년
가까이 배웠고, 딸은 플루트를 배웠고, 아내는 오카리나를 배웠다.
나는 딱히 다룰 줄 아는 악기가 없어서 후배에게 물었다.

"우리 가족 중에서 나만 악기가 없는데 배울 만한 것이 없을까?"

그랬더니 제일 쉽고 어울리는 것이 색소폰이라고 추천해 주었다.
후배의 조언에 따라 색소폰 학원에 한동안 다녔는데 30대의 젊은 학
원 선생님은 항상 나에게,

"호흡을 일정하게 내보내세요."

라고 이야기했다. 색소폰을 연주하는 원리는 높은 음을 세게 불고 낮은 음을 약하게 부는 것이 아니다. 호흡은 똑같은 강도로 일정하게 불면서 운지에 따라 음의 높낮이가 조절되는 것이다. 여기에 엄청난 인생의 진리가 담겨 있었다.

영업을 할 때 아무리 열심히 해도 안 될 때가 있고, 별로 노력하지 않았는데 잘될 때도 있다. 일관되게 노력을 하면 어느 때는 잘되고 어느 때는 안 되고, 색소폰의 음정처럼 인생이 흘러가게 된다. 인생, 세일즈, 공부 모든 것이 음악과 같다. 이런 원리를 이해하면 잘 될 때 자만하지 않고 안 될 때 절망하지 않게 된다.

주식투자를 해도 이 원리를 이해하면 돈을 크게 잃을 일이 없다. 많이 올랐으면 내려갈 것이 예상되기 때문에 욕심내지 않고 팔고, 폭락을 하더라도 올라갈 것을 기대하고 기다릴 수 있다. 색소폰에서 호

2011년 학동역 근처 색소폰 학원에서⋯
30대 선생님은 항상 '숨을 일정하게 내보내세요'라고 했다.

흡을 일정하게 내보내듯 삶에서도 힘들고 어둡더라도 일정한 보폭으로 쉬지 않고 전진해야 된다.

일단 시작하라

미국 필라델피아 컨벤션에 한국대표로 참가했을 때 '인생은 음악이다'를 주제로 강의하면서 그에 앞서 색소폰을 불어야겠다고 계획했다. 막상 뉴욕에 도착했는데 연습을 할 장소가 없었다. 고민 끝에 '뉴욕에서 가장 시끄러운 곳에서 해야겠다'고 생각하고 뉴욕 타임스퀘어로 갔다. 시끄러운 곳에서는 색소폰 소리가 어느 정도 묻히지 않을까 하는 기대에서였다. 타임스퀘어에서 남들이 보건 말건 실컷 연습을 했더니 간이 커져서 강의를 시작할 때도 무사히 한계령을 연주할 수 있었다. 음정과 박자가 프로연주자처럼 정확하지는 않았지만 나는 연주자가 아니라 어디까지나 강연자였다. 인생은 음악이라고 그냥 이야기하는 것과 색소폰 연주를 하면서 이야기를 시작하는 것은 받아들이는 느낌이 다르다. 색소폰을 연주하니까 딱딱한 강의가 부드러워지고 전반적인 수준이 한 단계 올라간 느낌이 들었다.

사실 강의 전에 하는 색소폰 연주가 완전히 만족스러운 것은 아니었다. 하지만 연주를 한다는 것 자체에 의미를 두었다. 어떤 것에서도 완벽한 상태에서 하려고 한다면 평생 시도조차 할 수 없다. 실력이 향상될수록 부족한 점이 점점 더 부각되기 때문에 무대에 올라갈 날은 영영 오지 않을지도 모른다. 부족하더라도 일단 시도해야 기회가 오고 더 빨리 성장할 수 있다.

열정은 전염된다

예전에 여수에 초청강의를 간 적이 있다. 가는 김에 목포 마당쇠형님을 초청해서 같이 숙식하고 아침 강의를 들으시라고 했다. 아침 식사하러 가다가 강의 자료를 안 가져온 것을 알고 급하게 준비하다 보니 색소폰 연주가 제대로 되지 않았다. 끝나고 형님께 강의가 어떠하였냐고 여쭈었더니 강의는 좋았는데 색소폰 연주는 형편없었다고 이야기해 주셨다. 얼마 후 형님은 나를 따라 매주 금요일마다 색소폰 배우기를 시작하셨다. 다음에 사하라에 다시 갈 때는 같이 사막에서 아리랑과 샹송을 연주하자고 했다.

2015년 5월 마당쇠형님의 암수술 문병 가서 손녀와 함께.
나이가 많아도, 암에 걸려도 형님의 도전은 멈추지 않는다.

부족하지만 용기를 내서 행동하면 누군가에게 시작할 수 있는 용기를 전염시킬 수 있다. 얼마 전 마당쇠 형님이 방광암에 걸렸다는 소식을 듣고 문병을 갔다. 위험한 수술이었지만, 다행히 평소에 건강하신 덕분에 수술은 무사히 끝났다. 어느 정도 회복되고 5년 후쯤 사하라에 가시겠냐고 물었더니 웃으시면서 가겠다며 다시 색소폰을 배우기 시작하셨다. 하고 싶은 일이 많은 사람은 오래 살 수밖에 없다.

저 산은 내게

내가 가장 즐겨 연주하는 곡은 양희은의 한계령이다. 가사도 좋지만 음정이 내려갔다 올라가고 또 내려오고 하는 것이 너무 좋아서 수백 번은 연습했던 것 같다. 좀 더 한계령답게 연주할 수 없을까 고민하다가 문득 직접 한계령에 가서 연주를 해봐야겠다는 생각이 들었다. 동서네와 함께 주말 새벽 2시에 출발해서 5시쯤 한계령에 도착한 후 색소폰으로 한계령을 연주했다. 마침 한계령 휴게소에 차를 세우고 설악산 대청봉에 오를 준비를 하던 등산객들이 웃으며 박수를 쳐주었다. 으쓱해서 주위를 둘러보니 정작 아내는 창피하다고 도망가고 없었다.

다음날 한계령 반대편에서 손위 동서랑 번갈아 색소폰을 불었는데 멋진 경관과 색소폰 음색의 조화가 환상적이었다. 그동안 연습할 곳이 마땅찮아 더러 새벽에 한강변에 차를 세우고 뒷좌석에 쪼그리고 앉아 연습을 했는데 확 트인 산에서 연주를 했으니 얼마나 좋았겠는가?

'저 산은 내게 우지마라 우지마라 하고 발 아래 젖은 계곡 첩첩산 중 저 산은 내게 잊으라 잊어버리라 하고 내 가슴을 쓸어내리네. 아, 그러나 한 줄기 바람처럼 살다 가고파 이산 저산 눈물구름 몰고 다니는 떠도는 바람처럼 저 산은 내게 내려가라 내려가라 하네 지친 내 어깨를 떠미네'

가사의 유래를 알고 난 후에는 한 줄 한 줄이 세일즈맨의 마음을 나타내는 것 같아서 가슴이 저렸다. 험난한 전쟁터에서 만신창이가 되어 돌아온 세일즈맨을 다시 또 나가야 된다고 어깨를 떠미는 모습이 떠올라 괜히 콧날이 시큰해졌다.

히말라야에서 한계령을 연주하다

아들과 두 번째 히말라야에 갔을 때 뭐 의미 있는 것이 없을까 고민하다가 안나푸르나 베이스캠프(4,130m)에서 아리랑과 한계령을 연주해봐야겠다고 생각했다. 그 후로 히말라야 트래킹이 가슴이 설레고 기다려졌다. 사실 안나푸르나에서 색소폰을 연주하는 것은 1%의 가능성에 도전하는 것이라고 볼 수 있다. 너무 추우면 리드가 얼어서 소리가 나지 않고, 눈이 내리면 습기에 약한 악기를 꺼내보지도 못하고 다시 메고 내려와야 하기 때문이다. 예전에 백두산에 메고 올라갔다가 비가 와서 제대로 연주도 못하고 수리비만 많이 든 쓰라린 경험이 있었다.

다행히 히말라야에서는 날씨가 좋아서 연주를 만족스럽게 마칠 수 있었다. 히말라야 색소폰 연주 에피소드로 강의를 시작하면 청중의 호응도가 월등히 높아진다. 1%의 가능성이 99%의 가능성을 열어주었던 셈이다.

2012년 12월 히말라야 안나푸르나 4,130m 베이스 캠프에서
1%의 가능성에 도전한 색소폰 연주.

색다른 삶을 연주하다

색소폰을 배우면서 내 삶이 달라졌다. 강의를 할 때도 전보다 훨씬 부드러워졌고 삶에도 여유가 생겼다. 그래서 실력이 늘지 않는데도 5

년간 매주 한 시간씩 레슨을 받으러 갔다. 색소폰은 개인연습을 하지 않으면 배우러 가도 아무 소용이 없다. 레슨을 받으면 본전 생각이 나서 억지로라도 시간을 만들어서 연습하게 된다.

삶이나 세일즈가 리듬이라는 것을 이해하면서 삶을 음악에 녹여내려 했다. 색소폰 연주를 썩 잘하지 못하지만, 내 삶을 어떤 식으로 연주해야 하는지는 알 것 같다. 나의 어설픈 연주가 다른 사람들에게 희망과 용기를 주기도 한다는 것에 보람도 느꼈다. 그래서 나는 정해진 무대에서만 공연하는 것이 아니라 생생한 삶의 현장에서 연주하려 한다. 그것이 사람들에게 더욱 깊은 영감과 울림을 선사해 줄 수 있으니까.

밑에서부터 공감하라

돈을 벌고 싶다면 가장 낮은 곳으로 가야 한다. 돈은 마치 흐르는 물과 같아서 폼 잡고 높아지려고 하면 절대 모이지 않는다.

― 전옥표, 《이기는 습관》

최선은 물과 같다

도덕경에 '상선약수(上善若水)'라는 말이 나온다. 가장 훌륭한 것은 흐르는 물과 같다는 말이다. 물은 낮은 곳으로 흐르고, 억지로 자신만의 길을 고집하지 않으며, 모든 곳을 고루 적셔 생명을 살린다. 그러면서도 한 방울 한 방울 부단히 떨어져 돌과 쇠를 뚫어 버리며, 물줄기들이 모이면 거대한 산도 허물어 버린다. 세상에 물을 이길 수 있는 것이 있을까? 부드러운 것이 강한 것을 이긴다.

밤하늘의 달을 따는 법

어느 바닷가 왕국에 열 살짜리 어린 공주가 나무딸기파이를 잔뜩 먹고 배탈이 났다. 며칠이 지나도 낫지 않자 걱정된 왕은 공주에게 말했다.

"네가 원하는 것은 무엇이든 가져다주마. 갖고 싶은 게 있느냐?"

공주가 대답했다.

"달을 갖고 싶어요. 달을 가질 수 있다면 곧 나을 것 같아요."

왕은 시종장, 마법사, 수학자들을 불러 달을 구해오라고 명령했지만, 그들은 하나같이 '달이 너무 크다, 너무 멀리 있다'며 고개를 저었다. 괴로워하는 왕을 위로하고자 광대를 부르자 광대는 공주에게 물었다.

"공주님, 달은 얼마 만한가요?"

"엄지손톱 만하지."

"공주님, 달은 어떻게 생겼나요?"

"둥글게 생겼지."

"공주님, 달은 무엇으로 만들어졌나요?"

"노랗고 빛나니까 당연히 금으로 만들어졌지."

어릿광대가 황금으로 손톱만한 달을 만들어 공주의 목에 걸어주자 공주는 기뻐하며 자리에서 일어났다. 고민거리가 해결된 왕국은 온통 축제 분위기였다. 그런데 문제가 생겼다. 공주에게 주었던 달이 그날 저녁에 또다시 떠오른 것이다. 궁정은 비상이 걸렸고, 다급해진 왕은 다시 광대를 찾았다. 광대는 공주에게 물었다.

"공주님, 공주님 목에 달이 걸려 있는데 또 뜨면 어떻게 하죠?"

"이가 빠지면 새 이가 나는 것도 모르니? 이 바보야."

위 이야기는 제임스 서버의 《아주 아주 많은 달》이라는 동화에 나오는 내용이다. 어른들은 자기 관점에서만 생각한다. 어른들 생각으로 밤하늘의 달을 따는 것은 물리적으로 불가능한 일이다. 그러나 어릿광대는 관점을 바꾸어 열 살 공주의 입장에서 접근했다. 어리고 순진한 공주는 보이는 그대로 믿는다. 공주가 보기에 달은 엄지손톱만하고, 둥글고 황금으로 된 것이다. 또한 이처럼 얼마든지 새롭게 태어날 수 있다. 이렇게 공주의 입장에서 생각하자 어렵다고 생각했던 문제가 곧바로 해결되었다. 세일즈에서도 지나치게 고차원적으로 접근하기보다 고객의 입장에서 접근하면 어려운 문제들이 단번에 해결되는 경우가 많다.

고객의 마음은 밑으로 통한다

히말라야는 무수히 많은 산봉우리들의 집합체이다. 그 봉우리들이 밑에서는 서로 연결되어 있으나 봉우리 끝은 서로 멀리 떨어져 있다.

동료들은 가끔 억울하다고 하소연을 한다. 고객에게 완벽한 프레젠테이션을 하고 고객도 매우 만족했다. 다른 세일즈맨에 비해 전문적이고, 자격증도 많고, 설명도 잘했다는 칭찬을 듣고 너무 너무 기뻤다고 했다. 그런데 정작 계약을 할 때는 설명도 횡설수설하고, 경력도 짧고, 아무 자격증도 없는 세일즈맨과 했다는 것이다. 그래서 이유를 물었더니 고객은 이렇게 대답했다고 한다.

"모든 걸 완벽하게 갖춘 분들은 누구를 만나도 계약을 잘 할 것 같은데, 횡설수설하는 그 분은 제가 계약해주지 않으면 어디서도 계약

2011년 11월 처음 올라간 히말라야. 봉우리 끝은 멀리 떨어져 있지만 산 밑에서는
서로 손을 잡은 듯 연결되어 있다.

을 못할 것 같았거든요."

꼭 잘나고 완벽해야 세상이 알아주는 것은 아니다. 다소 부족하더라도 고객의 마음과 밑에서부터 통했을 때 불가능한 계약도 성사시킬 수 있다.

약한 사람이 강하다

싸울 때 목소리 큰 사람이 이긴다고 했던가? 처음에는 소리를 크게 지르는 사람이 이기는 것처럼 보이지만, 결국에는 조용하고 침착하게 이야기하는 사람을 당할 수 없다. 세일즈에서도 큰소리로 설명하는 것보다 조용히 이야기하는 것이 더 큰 설득력을 가진다. 뜨거운 열정을 차분히 전달할 때 진정한 힘이 발휘되며, 부드럽고 낮은 목소리가 더욱 짙은 호소력을 갖는다. 마음의 거리가 멀어지면 목소리가 커진다.

누구나 세일즈 초기에는 열정적으로 도전하지만 곧 슬럼프가 찾아와 한없이 약해지는 때가 온다. 강하지 않은 사람이 강한 척, 잘난 척하다 보니 어깨에 힘이 들어가고 자신을 둘러싼 무거운 포장에 짓눌리는 것이다. 이럴 때는 강해보이고 싶은 열정을 잠시 내려놓고 솔직하게 마음을 털어놓는 것도 좋은 방법이다.

"부장님, 저는 영업이 처음이라 아무 것도 모르겠습니다. 어디로 가야 할지, 어떻게 해야 할지도 잘 모르겠어요. 처음 며칠은 멋모르고 열심히 했는데 갑자기 앞이 막막합니다. 부장님도 사회생활하면서 그런 적이 있으셨나요? 저는 이 일을 오래하고 싶은데 어떻게 하면 좋을까요?"

　스스로를 낮춰 바닥까지 내려가면 그때부터 용기가 솟아난다. 물에 빠졌을 때도 바닥까지 내려간 후에야 바닥을 박차고 다시 올라올 수 있다. 항상 자신감과 용기가 충만한 모습만을 보여줄 수는 없다. 때론 낮은 자세로 진정성을 보여줄 때 고객들은 '나도 신입시절이 있었지. 우리 아이들도 처음 사회생활을 하면 저럴 텐데.'라는 생각을 하며 진심으로 도와주려 한다.

세일즈를 물로 보라

　세일즈맨은 물처럼 세일즈를 해야 한다. 앞을 다투지 않고 낮은 곳으로 흐르는 물처럼, 고객보다 낮은 곳에서 고객을 가슴으로 끌어안아야 한다. 물은 웅덩이를 그냥 지나치지 않고 다 채우고 난 후 또 다시 흘러간다. 아무리 바빠도 고객의 어려운 것을 다 해결해 주고 가는 것이 진정한 세일즈맨의 자세다. 물은 담기는 그릇의 모양에 따라 제각각으로 달라서 고정된 모습이 없다. 세일즈맨도 자신을 버리고 고객의 요구에 맞추어 모습을 바꿀 수 있어야 한다. 세일즈를 물로 보라. 그러면 만사가 편안해진다.

끝에서 시작하라

죽음의 문턱에 선 사람들은 그 순간 인생이 끝나는 것이 아니라 비로소
진정한 삶이 시작된다는 사실을 깨닫는다.

– 오츠 슈이치, 《삶의 마지막에 마주치는 10가지 질문》

끝은 시작이다

《나는 두달 만에 책을 쓰고 1년 만에 프로강사가 되었다》를 쓴 빈
현우 작가는 다음과 같이 말했다.

"미래가 먼저 온다는 믿음을 가지고 나아가라. 그 믿음이 너무나
확고해서 당신의 의식과 잠재의식, 그리고 무의식에서 조차도 그것을
믿어버리게 하라. 그런 방식으로 보이지 않는 세상에서 현실을 창조
하라. 이제 그것은 현실로 드러날 것이다. 왜냐하면 당신이 온전히 믿
어 버리면, 당신의 몸과 마음은 그 믿음을 향해 나아갈 것이기 때문

이다. 그러니 당신이 원하는 미래를 당신의 의식세계에 실현시켜라. 그것이 드러날 때까지 당신의 열정이 당신을 이끌 것이다. 이것이 바로 열정의 비밀이다."

스스로를 백만장자라고 생각하면 점점 백만장자가 되어간다. 원하는 목표를 이미 이루었다고 생각하고 끝을 시작점으로 삼는 것이다.

은퇴는 축복이다

앞서 여러 차례 등장한 마당쇠 형님도 마찬가지다. 다른 사람들은 은퇴를 끝으로 생각하는데, 마당쇠 형님은 은퇴를 시작으로 생각했다. 100세 시대가 되었으니 은퇴한 지금부터 제2의 인생을 준비해야 한다며 퇴직금은 아내에게 맡기고 막노동으로 돈을 벌기 시작했다. 그 돈을 모아 사랑의 집짓기 봉사인 해비타트에도 나와 함께 다녀왔다. 생활비를 벌기 위한 것이 아니라 누군가를 돕기 위해 막노동을 하니까 집에도 떳떳하고 힘들지도 않았다고 한다. 또한 나와 사하라 사막마라톤을 함께 뛰며 죽을 만큼 힘든 고생과 사막의 황홀함을 만끽하기도 했다. 지금은 나처럼 색소폰을 연주해보고 싶다며 열심히 배우고 있다. 새로운 시작이라고 생각하고 준비하면 은퇴는 더 이상 두려운 단어가 아니라 축복이 될 수 있다.

끝을 구체적으로 그려보고 출발하면 성공확률이 높아진다. 유명한 영화인이나 수많은 백만장자들은 끝에서 시작해서 성공한 사례가 많다. 끝에서 시작하면 두려움이 줄어들고, 현실의 장애물이 쉽게 제거되고 올바른 방법으로 목적지에 갈 수 있다. 성공의 핵심은 얼마나 끝을 정확하게 인식하느냐 그리고 얼마나 생생하게 그려낼 수 있느냐 에 달려있다.

2011년 11월 히말라야. 철도 기관사로 35년 근무 후 은퇴하시고 새로운 목표에 도전하시는 마당쇠 형님. 은퇴(retire)란 말 그대로 타이어(tire)를 새로(re) 갈아 끼우고 다시 달려 나가는 것이다.

내비게이션을 찍고 출발하라

히말라야에 처음 갈 때는 막연한 두려움과 고민이 많았다. 이런 저런 핑계를 대며 차일피일 미루고 있던 중 인터넷에서 어떤 사람의 히말라야 등반기를 읽었다. 그러자 내가 히말라야에 간 모습이 선명하게 그려지기 시작했다. 히말라야 산에서 멋지게 사진 찍는 장면, 눈밭을 힘들게 걸어가서 만세를 부르는 장면, 다 내려와서 사람들의 박수와 환호를 받는 장면, 귀국했을 때 고객들이나 동료들의 칭찬 소리와 본인들도 가고 싶다고 부러워하며 이야기하는 장면 등등. 구체적인 장면을 생생하게 떠올리니 이미 내가 갔다 온 것 같은 착각이 들었다. 그 후로 예약을 하고 준비하는 과정이 초스피드로 진행되었다. 사람들은 왜 갑자기 히말라야냐고 묻는다. 이에 나는 오래 전부터 운명처럼 예정되어 있었다고 확신에 차서 이야기했다. 히말라야에 이미 다녀온 것처럼 끝에서부터 계획을 세우고 시작했더니 정말로 실행되었던 것이다.

새해 1월 1일은 그 전해 12월 31일의 끝에서 시작된다. 세상만사는 돌고 돈다. 계곡물은 바다에 도달해서 바닷물이 되지만, 바닷물은 증발해서 비가 되어 다시 계곡물이 된다. 돌고 도는 것이 자연의 과정이라면 시작과 끝의 구분이 있을 수 없다. 아니 오히려 끝에서 시작하는 것이 목표에 도달할 확률이 높아진다. 낯선 곳으로 여행을 갈 때 무작정 출발하여 찾아가는 것이 아니라 목적지를 내비게이션에 찍고 출발하는 것처럼 말이다.

네번째 책《공부톡 인생톡》을 인쇄의뢰한 후 보스턴으로 출발했다. 책의 프로필에는 이미 보스턴 마라톤에서 완주했다고 써 있었다. 만약 완주를 못할 경우 책을 다시 인쇄해야하는 상황이었다. 다행히 계획대로 보스턴 마라톤에서 완주했고 우려했던 일은 없었다.

2017년 4월에 참가했던 보스턴 마라톤 완주 당시의 모습

진짜가 된 가짜 수표

끝에서 시작해서 성공한 대표적인 인물이 바로 할리우드 코미디 스타인 짐 캐리다. 투병 중인 어머니를 위해 연기를 시작한 짐 캐리의 젊은 시절은 생각보다 힘들었다. 아버지가 실직을 하면서 그는 노숙생활을 시작했다. 그러면서도 1991년에 문구점에서 가짜 백지수표를 구입하여 아버지에게 1천만 달러의 금액을 적어주면서 1995년 추수감사절까지 진짜 수표로 바꾸어 주겠다고 약속을 했다. 그 후로 4년 지났다. 짐 캐리는 영화 〈마스크〉로 일약 스타덤에 올랐고, 1994년 말 〈덤 앤 더머〉, 1995년 〈배트맨 3〉에 출연하면서 아버지와의 약속을 지키게 된다.

끝에서 시작해야 실패하지 않고 성공의 길을 가게 된다. 꿈이 이미 이루어진 것처럼 생각하고 행동하면 꿈이 이루어지는 과정을 그대로 밟게 된다. 삶의 끝은 죽음이다. 스티브잡스가 말했듯이 죽음을 생각하면 아무리 복잡한 문제도 간단하게 정리된다. 나는 나의 부고 기사도 이미 작성해 두었다. 조만간 경기도에 묘지를 구입하고 비석까지 세워놓을 계획이다. 비석을 세우고 죽음이라는 끝에서 삶을 시작하면 한해 한해의 시간이 소중해지고 의미 있게 되리라 확신한다.

20년 뒤를 보라

나는 요즘 고객들을 만나면 "저는 5년, 10년 후의 삶에는 관심이 없습니다. 최소 20년 후 다음 세대의 삶에 관심이 있습니다"라고 이야기한다. 이런 생각을 하면 미래에 대한 확신과 지혜가 생긴다. 어떤 상품의 판매에 관심을 갖는 것이 아니라 그 상품이 다 사용되고 난 후에 삶이 어떻게 변화되고 영향을 미치는지에 관심이 생기는 것이다. 끝을 생각하면 시작도 달라지지만 과정도 다를 수밖에 없다. 끝을 생각하고 선을 그으면 똑바로 선이 그어지는데, 눈앞만 보고 선을 그으면 비뚤어진다. 할리우드의 배우이자 감독이었던 마이클 랜던은 이렇게 말했다. '인생이 시작되는 바로 그 시점에, 우리는 죽는다고 누군가가 알려줬더라면 우리는 매순간을 헛되이 보내지 않았을지도 모른다'고.

한번을 오르려면 히말라야로 가라

이왕 할 거면 1등을 해라. 나는 젊은이들에게 늘 이렇게 말한다. 1인자가 되어야 남에게 더 많이 베풀 수 있고, 이웃을 살필 여유를 갖게 되며, 사회와 국가를 위해 봉사할 능력을 갖추게 된다.

— 이길여, 《간절히 꿈꾸고 뜨겁게 도전해라》

대성리에서 번지점프를 하지 않는 이유

2013년 3월 마카오에서 번지점프를 한 적이 있다. 마카오에 있는 번지점프대는 높이가 무려 233m이고, 바닥도 물 위가 아니라 시멘트였다. 내려다보기만 해도 정신이 아찔해진다. 그 후 동료들과 대성리에 가서 55m 번지점프를 할 기회가 있었는데, 나는 마카오에서 번지점프를 했다고 하니까 더 이상 권하는 사람이 없었다. 나는 앞으로도 번지점프를 할 기회가 거의 없을 거다. 233m보다 높은 곳이 있다면 모를까 그 이하는 시도하지 않을 것이기 때문이다.

2013년 3월 마카오 타워. 세계에서 가장 높은 233m 번지점프.
비가 오고 바람이 불어서 몇 시간을 기다리다 겨우 뛰었다.

독수리 VS 참새

　2013년 12월 아들과 함께 다녀온 안나푸르나 베이스 캠프는 해발 4,130m이다. 정상이 8,091m이니 정상의 중간에 불과한 높이지만, 우리나라 백두산보다도 1,380m가 더 높다. 친구들 사이에서 산 이야기가 나오면 아들은 항상 전문가 대접을 받는다. 학교에서 단체로 등산을 갈 때도 올라가지 않고 밑에 있겠다고 하면 다른 친구들은 놀림을 받는 반면 아들은 특별한 이유가 있겠거니 다들 납득한단다. 히말라야를 2번 다녀온 친구가 설마 산을 타는 게 힘들어서 엄살을 부릴 리는 없다고 생각하는 것이다.

　나도 사하라 사막 250km 마라톤을 완주하고 히말라야를 세 번 다녀온 후로 생각의 크기가 달라졌다. 아무리 먼 거리를 간다고 해도 가기 힘들다는 생각이 들거나 아무리 높은 산을 가더라도 내가 올라갈 수 있을까 걱정하지 않는다. 생각의 한계가 깨졌다고나 할까? 살다보면 쉬운 단계부터 어려운 단계로 순서에 맞춰 해야 할 것들이 있다. 하지만 약간 어려운 것을 여러 번 하는 것보다는 좀 힘들고 두렵더라도 최상의 것을 딱 한번 하는 것이 시간이나 비용 측면에서 훨씬 효율적인 경우도 있다. 더 중요한 것은 무엇이든 해낼 수 있다는 자신감이 생긴다는 점이다. 폭풍우가 오면 참새는 처마 밑으로 피하지만, 독수리는 구름을 뚫고 올라가 창공을 누비며 피한다. 독수리의 삶을 택할 것인지 참새의 삶을 택할 것인지는 자신의 몫이다.

힘든 길로 가라

진로문제로 고민하는 아들에게 간호대를 이야기하면서 나는 "간호사는 병원에서만 근무하는 것이 아니라 여러 분야에서 할 수 있는 일이 많다. 병원근무가 싫으면 3년 정도만 근무를 하고 다른 것을 하면 된다."고 이야기했다. 그 대신 3년 근무는 대학병원 중환자실이나 수술실처럼 남들이 가기 싫어하는 가장 힘든 일을 찾아서 하면 좋겠다고 조언해 주었다. 간호사 출신의 아는 분이 말하기를 "중환자실 근무는 너무 힘들어서 하루하루 숫자를 지워가면서 일했다. 그런데 중환자실 3년을 근무했더니 그 다음부터 어디를 가든 모든 것이 너무 편해졌고 대접이 달라졌다."고 했다. 한 번을 한다면 가장 힘든 것을 하는 것이 답이다.

팔기 힘든 상품을 팔아라

세일즈에서도 잘 팔리는 상품만 선택하면 오래 할 수 없다. 경쟁사가 똑같은 상품을 저가로 팔아서 가격균형이 깨지면 판매가 중단되는 경우도 생긴다. 반면에 판매는 힘든데 가치가 있는 상품은 유행을 타지도 않고 경쟁도 적다. 제대로 콘셉트를 잡아서 판매하면 오랫동안 전문가로 인정받는 기회도 생긴다. 나는 가장 팔기 힘든 상품만을 지속적으로 판매를 했다. 어떻게든 상품을 팔려고 계속 새로운 아이디어를 떠올리고 실행하다보니 결국 동료와 회사에서 세일즈의 달인으로 인정받게 되었다. 나중에는 외부강의 요청도 많았다. 쉽고 유행타는 상품만 판매한 많은 동료들은 경기상황이 힘들어지면 회사를 떠난다. 하지만 가장 팔기 힘든 상품을 팔면 상품에 대한 불만도 없어지고, 경기 변동에 흔들릴 이유도 없다. 처음에는 힘든 길을 선택한 것 같지만, 나중에 보면 가장 쉬운 길을 가고 있는 자신을 발견하게 된다.

20분에 1천만 원짜리 강의

나에게는 꿈이 있다. 앞으로 세일즈 관련 전문 강좌를 개설할 계획이다. 처음에는 3시간씩 10회 강의에 수강료 30만 원, 30명을 생각했지만 지금은 1인당 300만 원, 수강인원 10명으로 정했다. 너무 비싼 것 아니냐고? 천만에. 수강료는 매년 100만 원씩 인상할 계획이다. 게다가 듣고 싶다고 아무나 들을 수 있는 것도 아니다. 한라산, 지리산, 백두산 중 1곳의 정상에 오르는 테스트를 통과한 사람만이 들을 수 있다. 지원자가 없으면 폐강을 하겠지만 지원자가 1명이라도 있으면 내 모든 것을 바쳐서 가르쳐 줄 생각이다.

결과는 대부분 출발점에서 정해진다. 강의료로 10회에 30만 원을 내면 딱 그 정도의 각오를 가진 사람들이 모인다. 조금만 몸이 피곤하거나 집안에 일이 있으면 '그까짓 3만 원쯤이야.' 하고 빼먹기 일쑤다. 결국 강의가 끝나고 나서 얻은 것도 바뀐 것도 없다. 그런데 강의료로 10회에 300만 원을 내면 전혀 다른 차원의 각오를 가진 사람들이 모이게 된다. 어지간히 몸이 아프거나 급한 일이 있어도 하루에 30만 원짜리 강의는 꼬박꼬박 나온다. 강의가 다 끝난 후에 얻는 것도 많고 인생이 바뀌게 된다. 그동안 나의 20분짜리 요약강의만 듣고도 1천만 원짜리 계약을 성사시킨 동료와 후배들도 많다. 하물며 30시간의 풀코스 강의는 활용하기에 따라 수억 원의 가치도 창출할 수 있는 어마어마한 내용을 담고 있다. 가치 있는 것을 찾아서 과감하게 대가를 지불하라. 그리고 그 가치를 활용해서 수십 배의 가치를 창출하라. 그때 비로소 성공의 톱니바퀴가 돌아가기 시작한다.

미래에 내가 할 강의

3장

길에서 변화를 꿈꾸다

길에게 길을 묻는다

페이스메이커가 되자

지붕부터 짓는 집은 없다

change로 challenge하라

그래 가끔은 물구나무를 서자

진심은 진실로 통한다

항구에 머무는 배는 안전한 쓰레기다

에임스팟을 찾아라

길에게 길을 묻는다

원래 땅 위에는 길이란 게 없었다. 걸어가는 사람들이 많아지면 그게 곧
길이 되는 것이다.

– 루쉰, 《고향》

역전은 오르막길에서

마라톤을 뛸 때 평지나 내리막에서는 다른 주자를 따라잡을 수 없
다. 상대를 따라잡는 것은 오르막에서만 가능하다. 모두들 힘들어서
포기하는 순간에 힘을 내야 역전이 가능한 것이다. 오르막길보다 더
좋은 기회는 길이 없는 곳에 나 홀로 길을 만들면서 갈 때이다. 세일
즈에서도 호황일 때보다 불황일 때 기회가 더 많이 생긴다.

세일즈맨들은 대개 귀가 얇다. 영업의 트렌드나 경제상황에 너무
민감하게 반응하다가 뒷북만 치는 경우가 많다. 대처를 할 거면 아주

빠르게 대처하거나 아니면 전혀 새로운 방향으로 나아가야 한다. 귀가 얇은 사람은 주가가 상승하면 대출에 코 묻은 돈까지 긁어다 투자하며 말한다.

"이런 기회는 다시 안 온대. 사기만 하면 올라가는 상승장이래. 올해 연말까지는 악재가 없다고 하던데. 얘기 들어보니 일리가 있고 나도 그렇게 생각해. 은행 이자는 물가 고려하면 마이너스야."

그러다가 갑자기 위기가 와서 경기가 불황으로 바뀌어 바닥을 헤매면 그때서야 주식을 팔고 다시는 쳐다보지도 않겠다며 치를 떤다.

"내가 주식을 다시 사면 성을 바꿀 거야."

하지만 상황이 바뀌면 언제 그랬냐는 듯이 똑같은 행동을 반복한다. 호황에 사서 불황에 팔면 이익을 볼 수 없다. 불황에 사서 기다렸

2014년 10월 26일. 오르막이 많아 어려웠던 춘천 마라톤 골인 지점.
웃고 있지만 30km 지점 이후 몇 번을 주저 앉고 싶을 만큼 힘들었다.

다가 호황에 팔아야 성공하다. 그러니까 불황에 움직여야 한다. 마라톤에서 오르막길에 힘을 내야 역전의 기회가 있듯이 세일즈에서도 불황일 때 더 집중해서 목표를 달성해야 한다.

목적지를 정하라

30대 후반의 어떤 고객이 임대료로 매월 나오는 300만 원을 어떻게 하면 좋을지 상담을 해 온 적이 있다.

"몇 년 후에 어디에 쓰고 싶은 돈인데요?"

"특별한 계획은 없어요."

"장기적으로 준비하실 생각인가요?"

"기간은 3년 이내로 해야 되고, 은행 금리보다는 높으며, 원금 보장이 안 되는 위험한 상품은 안 돼요."

"죄송하지만 산 좋고, 물 좋고, 정자 좋은 곳 없다고, 그런 조건을 모두 만족시키는 상품은 없습니다. 그것보다 그 돈을 모아서 어디에 쓸지를 정하는 것이 더 중요합니다. 가시고 싶은 목적지를 모르는데, 제가 몇 번 버스를 타야 한다고 말씀드릴 수가 없죠. 고객님은 지금 목적지도 정해놓지 않고 빨리 가고, 편안한 의자에, 요금도 저렴한 버스가 있냐고 묻고 계세요."

멋진 람보르기니에 연료를 채우고 번쩍번쩍 빛이 나게 세차까지 해서 세워놓았다고 치자. 아침에 운전석에 앉았는데 오라는 곳도 없고, 그렇다고 가고 싶은 곳도 없다고 생각해보라. 뻥 뚫린 멋진 길이 있는데 가고 싶은 곳도 오라는 곳도 없다면 정말 불행한 사람이다. 내가 스스로 목적지를 정하고 앞으로 나갈 길이 있다면 그것만한 행복도 없다.

내가 택한 길

정확한 목적지를 정하지 못하면 바른 길을 오래도록 갈 수 없다.

돈이나 상품을 중심에 두고 세일즈의 길을 가는 사람들이 많다. 그러다 보니 중간에 포기하는 세일즈맨도 무수히 많다. 상품만 보고 세일즈를 하는 사람은 상품이 없어지거나, 상품에서 흥미를 잃으면 더 이상 세일즈를 할 수가 없다. 돈을 벌기 위해 세일즈를 선택했다는 세일즈맨은 돈을 많이 벌어도 그만두고, 못 벌어도 그만두게 된다. 내가 세일즈를 처음 시작할 때 다른 회사에서 나를 리쿠르팅하기 위해 통장을 보여 준 적이 있었다. 매월 자동으로 큰 금액이 입금되는 통장이었다. 경제적인 면을 무시할 수는 없었지만 그것이 전부는 아니었다. 세일즈를 선택한 중요한 이유 중의 하나는 내가 좋아하는 사람들에게 가치 있는 것을 전달할 수 있었기 때문이었다. 그래서 통장을 보여준 회사에는 설명회 자체를 가지 않았다. 그 매니저는 "왜 나에게는 기회를 주지 않느냐? 설명은 한 번 들어봐야 하는 것 아니냐"라고 이야기했다. 그렇지만 나는 반대로 '돈만 벌겠다는 생각이면 오지 마라'고 이야기하는 회사를 선택했다. 내가 가야 할 길을 분명하게 정했기 때문이다. 내가 그때 돈을 보고 선택했으면 지금까지 이렇게 오래도록 행복하게 세일즈를 할 수 없었을 것이다.

가지 않은 길

　로버트 프로스트의 《가지 않은 길》이라는 시를 보면 숲 속의 두 갈래 길이 나온다. 하나는 풀이 없고 사람이 지나다닌 자취가 남아 있는 길이고, 다른 길은 풀이 무성하고 발자국이 남아 있지 않은 길이다. 결국 시인은 낯설고 새로운 길을 선택한다. 대부분의 사람들이 선택하지 않은 길을 선택함으로써 자신의 모든 삶이 바뀌었다는 내용을 담고 있다.

　나 또한 새로운 길을 가기 전에 그리고 길을 가면서 수없이 길에게 물어봤다. 지금 맞는 길로 가고 있는가? 나는 왜 이 길로 접어든 거지? 결국 정확한 답은 누구도 줄 수가 없다. 후회 없는 선택이란 없다. 루쉰의 말처럼 길은 처음부터 길이 아니라 사람들이 많이 다니다 보니까 길이 된 것이다. 내가 선택한 길을 정답이라 믿고 내가 정답으로 만들어나가면 그것은 늘 정답이 된다.

히말라야, 사하라 사막, 북극의 얼음바다에도 길이 열린다.
2017년 7월 북위 80° 쇄빙선이 얼음을 깨며 길을 만든다.

페이스메이커가 되자

시장에는 시간이라는 자물쇠가 있다. 아무리 옳은 판단을 했다 해도 시장이 움직이기 위해서는 불가피하게 시간이 필요하다. 많은 투자자들이 이걸 참지 못해 섣불리 뛰어들었다가 귀중한 돈을 날려버린다.

— 박정태, 《월가의 지혜 투자의 격언 365》

인생의 페이스메이커

영화 〈페이스메이커〉는 어느 가난한 형제에 관한 이야기이다.

주인공은 학교 운동회 날, 라면 한 박스가 상품으로 걸린 달리기 시합에서 자신의 달리기 재능에 눈뜬다. 그러나 왼쪽 다리가 1cm 짧은 신체적 결함 때문에 선수가 되지는 못하고 30km까지만 끌어주는 페이스메이커 역할을 한다. 흔히 '인생은 마라톤이다', '인생은 장거리 경주다'라는 말이 있다. 마라톤은 출발점에서 아무 생각 없이 무리에 휩쓸리면 완주하지 못한다. 페이스메이커의 역할은 각자 자신의 페이스에 맞추어서 달릴 수 있도록 조절해주는 것이다. 나는 1년에 한번 정도 풀코스를 완주할 수 있으면 건강에는 이상이 없을 것이라는 생각에 마라톤을 시작했다. 벌써 7번이나 풀코스를 완주했는데 아마 페이스메이커가 없었으면 불가능했을 것이다.

마라톤은 가혹한 스포츠다. 자기 자신을 매순간 채찍질하며 고통을 이겨내야 완주할 수 있다. 그 많은 시간과 그 먼 거리를 달리면서 얼마나 많은 생각을 하겠는가? 체력과 정신력이 한계에 도달했을 때 당장이라도 포기하고 싶은 생각이 굴뚝 같다. 때론 공황상태까지 이르기도 한다. 이럴 때 페이스메이커가 필요하다. 페이스메이커는 순위보다는 완주가 목표라는 사실을 새삼 일깨워준다. 나는 풀코스를 보통 4시간 반 전후의 페이스로 뛴다. 그런데 여의도에서 열린 대회

2013년 3월 17일 서울국제마라톤. 마라톤 풀코스 첫 완주.
4시간 페이스메이커를 따라 뛰어서 3시간 56분에 완주했다.

에서는 컨디션이 너무 좋아서 3시간의 페이스메이커를 따라 뛰다가 10km 지점에서 낙오한 경험이 있다. 그 이후 나에게 맞는 페이스메이커의 중요성을 실감했고 나도 누군가에게 페이스메이커의 역할을 했으면 좋겠다는 생각이 들었다.

평상심을 유지하라

마라톤과 마찬가지로 세일즈에서도 페이스 조절이 중요하다. 다른 사람의 성과를 보고 오버페이스를 하다보면 문제가 발생하고 결국 중간에서 포기하게 된다. 세일즈 업계는 잘한 사람에게 인센티브를 많이 주기 때문에 자칫하면 자신의 페이스를 잃기 쉽다. 진정한 챔피언은 한번 하고 떠나는 것이 아니라 챔피언이 된 이후에도 살아남아서 다른 세일즈맨의 페이스메이커가 되어주는 것이다.

동료 중에 목표의식이 뚜렷해서 초기에 엄청난 실적을 달성한 친구가 있었다. 그런데 어느 순간 실적이 급강하하더니 소리도 없이 일을 그만두었다. 고객에게 세일즈는 천직이고 최고의 직업이라고 이야기한 것이 잊혀지기도 전에 말이다. 그 친구가 자신의 페이스를 알고 유지했다면 오래 잘할 수 있었을 텐데 하는 아쉬움이 남는다. 초기에 좋은 실적을 냈다가 슬럼프에 빠졌을 때, 나는 가야산으로 마음수련을 다녀왔다. 내가 이 일을 오래 하려면 이러한 기복을 어떻게 극복할지 고민하기 위해서였다. 다녀온 후에도 약간의 기복은 있었지만 평상심을 잘 유지하면서 지금까지 세일즈를 해 오고 있다.

풀코스의 4배를 연습하라

나는 춘천 마라톤 풀코스를 5번 완주했다. 10번 완주하면 명예의 전당에 오를 수 있다고 해서 명예의 전당 등재를 버킷리스트에 적었다. 처음 참가할 때 일단 신청을 해놓았지만 이래저래 걱정이 많았다. 하프코스라면 몰라도 풀코스는 인간의 한계를 시험하는 정도라서 철저한 준비 없이는 완주가 불가능하다. '완주를 어떻게 하지?' 하는 문제를 고민하고 있다가 일단 연습 목표를 정했다. 목표를 세울 때도 책상에 앉아 상상해서 세우는 것이 아니라 현장감 있게 한강변을 달리면서 기본적인 큰 그림을 그렸다. 그렇게 해야 현실적인 목표를 세울 수 있다. 마라톤은 보통 대회 두 달 전부터 준비한다. 내가 세운 기준은 풀코스의 5배 수준인 총 200km 달리기, 줄넘기 10만 번, 몸무게 3kg 감량 등 세 가지다. 이 세 가지만 달성하면 내 기준에서는 완주가 가능하다. 마라톤을 하겠다는 사람들에게 어느 정도 연습을 해야 완주할 수 있는지를 알려주는 것도 페이스메이커 역할 중 하나일 수 있다.

인생에서 최초의 페이스메이커는 부모이다. 일본 속담에 '자녀들은 부모의 등을 보면서 자란다'라는 말이 있다. 부모는 페이스메이커로서 자녀의 롤모델이 되는 동시에 아이가 스스로 달릴 수 있도록 도와준다. 아이의 특성과 성장 단계에 따라 자율과 통제의 균형을 잡아주고 넘어지더라도 다시 일어날 수 있도록 격려를 해준다. 우리는 살면서 부모 이외에도 친구, 동료, 선배 등 수많은 페이스메이커를 만난다. 그들이 있기에 삶을 보다 힘차게 달려 나갈 수 있는 것이다. 인생은 치열한 순위 싸움을 하는 질주가 아니라 마라톤처럼 완주를 목표로 한다. 순위를 매기는 경주는 속도가 생명이지만 완주가 목표인 경우는 페이스 조절이 관건이다.

한밤중에 한강변을 달리며 마라톤 연습
2017년 줄넘기 10만 번, 203㎞ 연습 후 보스턴 마라톤 완주

인생과 마라톤

인생을 여행에 비유하면서 "국내여행을 한다면 어디 가고 싶으세요?"라고 물으면 대부분 "제주도요"라고 대답한다. 그리고 제주도에 가서 무엇을 먹고, 어떤 것을 즐길 것인가를 이야기한다. 하지만 이 모든 즐거움도 일단 목적지에 도달해야 가능하다. 빨리 가는 것도 중요하고, 즐기는 것도 중요하다. 그러나 가장 중요한 것은 목적지에 도달하는 것 자체이다.

인생이라는 레이스는 힘들다고 포기할 수도, 제때에 쉬어가지도 못한다. 마라톤에서 수많은 사람들과 같이 뛸 때는 동질감도 느껴지지만 뛰다보면 어느새 옆에서 뛰고 있는 사람들이 바뀌어 있다. 각자의 페이스가 다르기 때문에 결국 각자의 길을 가게 되는 것이다. 그래서 사업에서도 동업이 힘들고 성공 가능성이 낮다.

인생과 마라톤은 공통점이 많다. 둘 다 순위보다는 완주가 목표이고 중간에 무수한 경쟁자들을 만난다. 또 중간 중간 오르막과 내리막이 반복된다. 구간마다 보조를 맞춰 같이 갈 동반자를 만나지만 끝까지 같이 갈 수는 없다. 그러므로 자신을 응원해주고 자신이 페이스를 유지하게 도와주는 페이스 메이커가 중요하다.

Face maker가 되고 싶다

인생은 마라톤보다 더 험난하고 긴 여정이다. 하지만 누군가가 옆에서 독려해주면서 같이 달려만 준다면 행복한 여정이 될 수 있다. 나의 인생에서 그런 사람이 필요하다면 다른 사람들도 마찬가지일 것이다. 우리 모두 자기 페이스대로 뛰는 행복한 마라토너이자 누군가의 페이스메이커가 되는 것은 어떨까? 내가 되고 싶은 것은 자신의 꿈을 희생하면서 남만 도와주는 페이스메이커가 아니다. 내가 이룬 꿈이 누군가의 꿈이 될 수 있도록 주체적이고 멋진 인생을 살고 싶다. 그래서 웃는 얼굴로 가득한 세상을 만드는 페이스메이커(face maker)가 되고 싶다.

지붕부터 짓는 집은 없다

시골의 한 낚시꾼이 30cm가 넘는 큰 송어를 잡았다. 그러나 낚시꾼은 좋아하기는커녕 못마땅한 표정으로 송어를 다시 강에 놓아주었다. 우연히 이를 지켜본 사람이 이유를 묻자 낚시꾼은 대답했다.

"제가 가지고 있는 냄비로는 30cm짜리 송어를 요리할 수 없거든요."

– 전옥표, 《빅픽처를 그려라》

목수가 알려준 삶

신영복 교수는 《감옥으로부터의 사색》에서 감옥에서 만난 목수가 집을 그리는 것을 보고 큰 깨달음을 얻었다고 한다. 보통사람들은 지붕부터 그리고 기둥과 바닥을 그리는데 그 목수는 바닥을 먼저 그리고 기둥, 창문을 그린 후 마지막으로 지붕을 그리는 것이었다. 목수의 오랜 경험에 의하면 지붕부터 짓는 집은 없다. 바닥을 먼저 탄탄하게 고르고, 기둥을 세우고 난 후에야 비로소 지붕을 올릴 수 있다. 그 모습을 보고 신 교수는 머리로 산 삶보다는 몸으로 산 것이 진짜

삶일 수 있겠다는 생각을 했다.

신 교수의 이야기에서 힌트를 얻어서 사람들에게 집을 그려보라고 하면 역시나 대부분 지붕부터 그린다. 고객이신 교수님께도 같은 질문을 던져보았다.

"집 한번 그려 보실래요?"

"그거 테스트하는 거지요? 내가 책에서 본 기억이 나는데 밑에서부터 그리라는 이야기 아닌가요?"

"그래도 한번 그려보세요!"

그런데 이상한 것은 말은 밑에서부터 그려야 된다고 하면서 실제 그려보라고 하면 지붕부터 그린다는 점이다. 많은 사람들이 인생이 생각대로 되지 않는다고 말한다. 그 이유는 간단하다. 생각과 행동이 일치하지 않기 때문이다. 생각한 대로 행동하지 않으니까 인생이 생각대로 될 리가 없다.

한번은 전원생활을 하고 있는 어떤 사람을 만나 집을 그려보라고 이야기했다. 그랬더니 그는 둥근 원부터 그리기 시작했다. 그리고 바닥을 그리고 기둥을 그린 다음 마지막으로 지붕을 그렸다. 나는 호기심이 일었다.

"맨 먼저 그린 둥근 원이 뭐예요?"

"남의 땅에다 집을 짓나요? 우선 부지를 사야죠."

충격이었다. 그 사람은 본인이 직접 집을 지을 부지를 구하려고 2년 반이나 돌아다녔다고 한다. 그래서 그 사람은 집이라고 하면 제일 먼저 생각나는 것이 부지라고 했다. 나는 이 말을 듣고 무릎을 탁 쳤다. 땅도 없이 무슨 집을 올리겠다는 말인가?

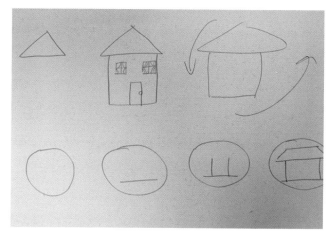

커튼까지 예쁘게 그렸는데 순서는 지붕부터…
땅부터 그리는 집 그리기의 고수를 만났다.

마라톤도 집을 짓듯이

마라톤도 집을 짓는 순서로 연습해야 한다. 나는 마라톤을 시작한 지 6개월이 되었을 때 처음으로 풀코스를 완주할 수 있었다. 자신감이 충만해서 이번에는 사하라 사막마라톤에도 참가하겠다고 결심한 후 연습도 하지 않고 순천 100km 울트라 마라톤을 신청했다. 결과는 어떻게 되었을까? 절반까지는 기어가듯 뛰었지만 중간에 포기하고 다음날부터 걸음을 걷지도 못할 정도로 심각한 부상을 입었다.

체력적인 벽을 실감한 나는 기초부터 다시 시작하기로 했다. 우선 복싱 체육관에 등록한 뒤 줄넘기를 최대한 많이 했다. 줄넘기는 내장비만을 줄여 몸을 가볍게 하는 데 탁월한 운동이다. 그 다음에는

10km, 하프 마라톤을 어느 정도 숙달한 다음에 다시 풀코스를 도전해서 성공했다. 집으로 비유하면 줄넘기는 바닥의 기초공사에 해당하고, 10km와 하프마라톤은 양쪽 기둥에 해당한다. 마지막으로 풀코스가 지붕에 해당한다. 마라톤도 무작정 달려들면 큰 낭패를 당한다. 집을 짓듯이 기초부터 차근차근 체력을 쌓아올려야 한다.

나는 세일즈 할 때 고객에게 자주 묻는다.

"집을 그리듯이 살고 싶으세요? 아니면 집을 짓듯이 살고 싶으세요?"

한 단어 차이지만 시간이 지난 후의 결과는 엄청나게 다르다. 급하게 집을 그리듯 시작하면 시간이 지나 다시 기초공사를 해야 할 때 지붕을 허물어야 한다. 그러나 기초부터 튼튼하게 집을 짓듯이 살면 시간이 흘러도 문제가 될 것이 없다.

라이트 형제와 랭리

세일즈를 할 때 목적을 모른 채 일만 하다 보면 금방 에너지가 소진된다. 내가 지금 하고 있는 일이 다른 사람들에게 어떤 도움을 주고, 내 삶에 어떤 의미가 있다는 것을 알면 열정이 샘솟는다.

사이먼 사이넥의《나는 왜 이 일을 하는가》에 나오는 골든 서클을 예로 들어보자. 골든 서클은 작은 원, 중간 원, 큰 원으로 이루어진다. 가장 안쪽 작은 원은 가장 중요한 핵심으로 'Why'를, 중간 원은 'How'를, 그리고 가장 큰 마지막 원은 'What'을 의미한다. 어떤 일을 하는 목적(Why)을 알고 그 목적을 달성할 구체적인 방법(How)을 알면 무엇(What)이든 이룰 수 있다는 뜻이다.

라이트 형제는 사람들의 삶에 변화를 줄 수 있겠다는 신념으로 비행기 발명에 열정을 쏟았다. 라이트 형제는 전문적인 대학교육을 받지도 못했고 후원자도 없었다. 시골에서 허름한 자전거포를 운영하며 언론의 관심도 받지 못했다. 반면 경쟁자였던 랭리는 하버드대의 수학교수이자 스미소니언협회의 고위 관료였다. 앤드루 카네기와 벨 같은 당대 거물들의 친구이기도 했다. 뿐만 아니라 미 육군성으로부터 거액의 프로젝트 비용을 지원받았고, 당대 최고의 지성인들로 결성된 드림팀이 노하우를 공유하며 협력했다. 하지만 최후의 승자는 라이트 형제였다. 라이트 형제는 수없는 실험과 실패 끝에 1903년 12월 17일 몇 명의 구경꾼들이 보는 가운데 인류 역사상 최초로 인간이 하늘을 나는 일을 해냈다. 랭리는 라이트 형제의 비행 성공 소식을 듣고는 곧 모든 걸 포기했다. 가장 중요한 'Why'에 있어서 라이트 형제에게는 '인류의 발전을 위해서'라는 신념이 있었지만, 랭리에게는 '맨 처음 비행에 성공해서 부와 명성을 얻기 위해서'라는 생각뿐이었기 때문이다.

세일즈의 골든 서클

내가 세상에 태어난 목적이 있다면 앞으로 어떻게 살지만 고민하게 된다. 그런데 왜 사는지에 대해 답을 찾지 못한 사람은 자꾸 원점으로 돌아가 고민만 거듭한다.

세일즈에서도 목적(Why)이 결정되면 자연스럽게 그것을 달성할 방법(How)이 따라 나오고 좋은 상품(What)을 제시할 수 있다. 왜 이 상품을 선택해야 하는지가 확실해지면 자연스럽게 '어떻게'가 따라 나온다. 맨 마지막에 '무엇을'에 해당하는 '해야 할 일' 또는 '구입해야 할 상품'을 이야기하는 것이 순서이다. 이 순서가 반대로 되면 고객의 마음이 움직이지 않는다. 그렇게 되면 마음이 급해져서 마지막에 꺼내야 할 상품을 먼저 이야기한다. 고객 입장에서는 스스로 결정하기보다는 강요받는 느낌을 받게 하여 좋은 결과를 얻을 수 없다. 고객은 자신이 판매의 대상으로 인식될 때 마음의 문을 닫아 버린다. 상품에 대하여 고객이 관심이 있어야지 세일즈맨이 관심이 있는 것이 무슨 소용인가.

미래학자 대니얼 핑크는 그의 저서 《드라이브》에서 '동기 3.0'을 말한다. 과도한 외적보상이 오히려 내재적 동기를 감소시킨다는 것이다. 사회심리학자 래퍼는 4~5세 아이들을 대상으로 그림 그리기 실험을 했다. 한 그룹의 아이들에게는 그림을 그리고 난 후에 사탕이나 과자와 같은 외적 보상을 했고, 다른 그룹의 아이들에게는 아무런 보상을 하지 않았다. 그리고 나서 동일한 장소에서 다시 그림을 그리게 했을 때 외적보상을 받았던 아이들은 보상을 받지 못한 아이들에 비해 그림에 대한 흥미수준이 낮아졌다.

세일즈에서도 이 달에 달성할 목표를 주고 포상기준을 이야기하면 일시적으로는 성과를 낼 수는 있지만 일이 어려워지면 쉽게 포기한다. '왜' 세일즈를 하는지에 대한 것이 스스로 납득할 수 있을 정도로 정리되어야 내적 동기가 샘솟는다. 단순히 이익을 위해서만 일을 한다면 래퍼의 실험에서처럼 근본적으로 일에 흥미를 느끼지 못하게 된다.

인생이라는 집을 지어라

큰 돌, 작은 돌, 모래로 항아리를 채울 때 급하다고 손에 잡히는 대로 채우다 보면 나중에 큰 돌을 넣을 수가 없다. 인생도 마찬가지다. 바닥-기둥-지붕의 순서로 집을 짓듯이 중요한 일부터 순리에 맞게 처리해 나가면 인생을 계획한 대로 살 수 있다. 여기서 중요한 것은 실천이다. 생각한 대로 살려면 생각한 대로 행동해야 한다. 지붕부터 지은 집은 처음에는 화려하고 그럴싸해 보여도 결국 허물고 처음부터 다시 지어야 한다. 중요한 일부터 순리에 맞게 살아가면 인생이라는 집을 다시 지을 일이 없을 것이다.

Change로 Challenge하라

"선생님께서 살아오신 100년 동안 정말 많은 변화들이 있었습니다. 선생님은 그런 변화들에 어떻게 대응하셨는지요?"

"말도 말게나. 그 수많은 변화들을 물리치느라고 얼마나 힘들었는지 모른다네."

– 하우석, 《내 인생 5년 후》

전부를 걸고 매달려라

다윈은 말했다. "살아남을 수 있는 것은 가장 강한 것도, 가장 현명한 것도 아니다. 변화(change)할 수 있는 것이다"라고. 급격하게 변화하는 세상에서 살아남기 위해서는 상황에 맞게 변화하고 항상 새로운 것에 도전해야 한다. 《특허 받은 영어학습법》의 저자 이강석은 변화를 의미하는 change라는 단어 안에는 '매달리다'라는 뜻의 'hang'이 들어 있다고 말한다. 맨몸으로 절벽에 매달려 있는 절박함이 있어야 비로소 변화가 일어난다는 의미다. 그리고 도전을 의미하는

challenge에는 '전부'라는 뜻의 all이 들어 있다. 자신의 모든 것을 걸지 않으면 도전이라고 할 수 없다는 의미다. 절박한 상황에서 변화하고 자신의 모든 것을 걸고 도전할 때 비로소 차원을 달리하는 진정한 진화가 일어날 수 있다.

퍼스트 펭귄이 되라

'궁(窮)하면 통(通)한다'는 말이 있다. 하지만 내 생각에는 궁(窮)하면 변(變)하고, 변(變)하니까 통(通)하는 것이 맞다. 안 되는 것을 계속 같은 방법으로 해봐야 문제만 더 복잡해질 뿐이다. 간절하지 않으면 관점의 변화가 일어나지 않고 새로운 아이디어가 떠오르지도 않는다. 수동적으로 궁해지기만을 기다리면 변화에 이끌려간다. 하지만 능동적으로 궁함을 만들면 변화를 리드할 수 있다.

남극의 펭귄들은 바다 속으로 뛰어들기를 주저한다. 바다 속에 어떤 천적이 기다리고 있을지 알 수 없기 때문이다. 이때 용기를 내서 가장 먼저 바다 속에 뛰어드는 펭귄이 있는데, 이를 '퍼스트 펭귄'이라고 부른다. 퍼스트 펭귄은 위험을 무릅쓴 대가로 가장 싱싱한 먹이를 가장 많이 먹을 수 있다.

모든 성공의 달콤한 과실은 변화를 이끌고 주도하는 사람들의 몫이다. 천적이 없다는 것을 확인한 후에 뒤늦게 뛰어드는 펭귄들은 안전한 대신 적은 먹이를 두고 서로 다투게 된다. IT산업에서도 거대한 성공을 맛본 자는 위험부담을 무릅쓰고 과감하게 초기시장에 뛰어든 사람들이다. 지나치게 안전함만 추구하다보면 변화를 주도할 수 있는 능력을 상실하게 된다. 아인슈타인은 정신이상자를 '똑같은 행동을 반복하면서 다른 결과를 기대하는 사람들'이라고 정의했다. 내일의 다른 결과를 기대한다면 오늘 행동이 달라져야 한다.

남극에서 펭귄과 수영하다가 죽을 고비를 넘겼던 그 날을 생일로 정했다.
진정한 생일은 새롭게 태어난 날이다.

절박함이 변화를 만든다

국민MC 강호동은 씨름 천하장사로 최고의 주가를 올리던 중 돌연 개그맨으로 변신했다. 제 아무리 천하장사였다고 한들 씨름꾼에서 개그맨으로의 변신이 얼마나 낯설고 두려웠겠는가? 하지만 강호동은 성공적인 변신을 넘어서 유재석과 쌍벽을 이루는 국민MC 자리까지 오를 수 있게 되었다. 만약 강호동이 그때 씨름판에 계속 머물렀다면 오늘날의 이런 성공을 맛볼 수 있었을까?

변화하지 않으면 생존할 수 없다. 우리 몸의 세포가 한 달이면 대부분 새롭게 바뀌듯이 나의 강의 자료도 3년만 지나면 전혀 다른 내용으로 바뀐다. 사랑, 신뢰와 같이 변화하지 않는 가치만 빼고 매년 30% 이상 새롭게 바뀐다. 이것은 혼자의 힘으로는 불가능하다. 나에게 정보를 얻은 수강생들이 거꾸로 새로운 정보를 아낌없이 나에게 주기에 가능했다. 수강생들에게서 받은 것에 머무르지 않고, 새로운 아이디어와 정보를 가미시켜 되돌려 주기 때문에 같이 좋아지고 같이 변화를 리드해 갈 수 있다.

그래서 나는 항상 내가 가진 모든 정보를 오픈한다. 모든 것을 주고나면 새로운 정보가 없다는 절박함이 느껴진다. 그 절박함은 나로 하여금 새로운 정보를 찾아 나서게 하는 강력한 동기가 된다. 더구나 그 정보를 받은 사람들이 다시 나에게 그들의 정보를 나누어 주고 나는 또다시 그것을 새롭게 업그레이드해서 되돌려준다. 나의 모든 것을 걸고 스스로를 절벽에 매단 결과 나는 극적으로 변화되고 성장할 수 있었다.

아내와 자식 빼고 다 바꿔라

삼성 이건희 회장은 어떻게 해서 삼성을 오늘날의 초일류 기업으로 바꾼 것일까?

1971년 이건희 회장이 30세가 되던 해, 고 이병철 삼성 창업주는 이건희에게 삼성을 물려준다는 발표를 했다. 그동안 공부만 하던 백면서생 이건희 회장이 처음부터 순탄하게 경영을 했던 것은 아니다. 유공 인수 실패, 원유개발사업 실패, 알래스카 탄전사업 실패 등 연이어 쓴 맛을 맛본 이 회장은 미국으로 건너가 칩거에 들어갔다.

그로부터 5년이 지난 후 이병철 창업주가 세상을 떠난 1987년, 이건희는 삼성그룹의 회장이 되어 돌아왔다. 이때부터 이건희는 제2의

창업을 외치면서 변화와 개혁을 주장했다. 하지만 부회장으로 8년, 회장으로 5년 등 13년간 뚜렷한 변화는 일어나지 않았다. 삼성은 흑자를 내고 있었지만 서서히 쇠퇴기를 맞이하고 있었다. 이건희는 깊은 고민에 빠졌다.

'나부터 바뀌어야 한다. 내가 직접 나서서 삼성을 변화시키자!'

고민 끝에 결단을 내린 이건희는 1993년 신년사를 시작으로 전 세계를 돌며 직접 강의를 했다. 어느 날은 8시간, 어떤 날은 무려 16시간씩 피를 토하듯 변화의 중요성을 강조했다. 핵심은 공부, 즉 자기계발을 하라는 내용이었다. 그로부터 삼성을 초일류 기업으로 나아가게 한 발판을 만든 반도체 사업 등 그의 목숨을 건 도전이 시작되었다. 변화로부터 도전이 시작된 것이다.

스트레스와 역치

강의를 하다보면 유난히 조는 사람들이 있다. 이런 사람들의 특징은 강의시간에는 졸다가도 쉬는 시간만 되면 눈이 말똥말똥해진다는 점이다. 이런 불가사의한(?) 현상은 본인의 의사와 상관없이 회사에서 억지로 보냈을 때 특히 심하게 나타난다.

어떤 물체가 외력을 받으면 변형이 발생한다. 이 변형을 막기 위해 내부에는 저항력이 생기는데, 이러한 저항력을 내력이라고 한다. 스트레스(Stress)란 단위 면적당 내력의 크기를 말한다. 변화에 순응하면 스트레스가 안 생기는데 변화를 거부하기 때문에 스트레스를 받는 것이다. 스스로 변화하려고 선택한 교육에서도 사람들은 스트레스를 받는다. 이것은 변화를 바라는 마음이 있는 한편 변화를 두려워하는 마음도 있기 때문이다.

한편 어떤 작용요인이 반응을 일으킬 수 있는 최소의 한계를 '역치(threshold value)'라고 한다. 아무리 힘을 써도 꿈쩍도 안하던 물체가 누군가 옆에서 살짝 도와주기만 해도 움직였던 경험이 누구나 있을 것이다. 99도의 물이 100도가 되어야 끓기 시작하는 것처럼 모든 물체는 역치를 넘어설 때 비로소 변화가 일어난다. 과감하게 변화의 물결에 나 자신을 내던져서 역치를 넘지 않으면 변화할 수 없는 것이다.

미래의 눈으로 현재를 보라

《잃어버린 시간을 찾아서》를 쓴 프랑스의 작가 마르셀 프루스트는 "진정 무엇인가를 발견하는 여행은 새로운 풍경을 바라보는 것이 아니라 새로운 눈을 가지는 데 있다"고 말했다. 우리는 항상 변화의 갈림길에 서 있다. 정신의 눈이 현재에만 머물러 있는 사람은 변화할 수 없다. 당장 눈앞의 이익만 충족되면 변화의 필요성을 느끼지 못하기 때문이다. 변화의 필요성은 먼 미래의 눈으로 현재를 볼 수 있어야 절실하게 느껴진다. 당장의 이익이 아닌 미래의 이익을 보고 소중한 지식을 남들에게 아낌없이 나누어 주자. 그래야 내가 가진 새로운 것이 없다는 절박함이 밀려오고 그 절박함을 극복하기 위해 또다시 새로운 것에 도전하면서 변화를 리드해 갈 수 있다.

그래 가끔은 물구나무를 서자

아버지와 아들이 자동차를 타고 가던 중 교통사고가 났다. 아버지는 그 자리에서 죽었고, 아들은 응급실로 실려 갔다. 수술을 하기 위해 달려온 의사는 환자를 보더니 울부짖으며 말했다. "오 맙소사, 난 도저히 수술을 할 수가 없어. 이 아이는 내 아들이야!"

생각을 뒤집어라

위 이야기가 금방 이해되는가? 아버지는 분명히 교통사고로 죽었는데, 그럼 의사는 도대체 누구란 말인가? 의사의 정체는 다름 아닌 아이의 어머니였다. 우리는 무의식적으로 의사는 남자라는 고정관념, 즉 '프레임'에 사로잡혀 있다. 그래서 위의 짧은 이야기도 의사가 여자라는 사실을 알기 전까지는 선뜻 이해하기 힘들었던 것이다. 또 다른 이야기를 보자.

한 노인이 다리를 절며 우산가게에 들어오며 물었다.

"내가 다리가 좀 불편한데 저 지팡이가 얼마유?"

그러자 점원이 대답했다.

"할아버지, 그건 지팡이가 아니라 우산이에요. 우리 가게에는 지팡이가 없어요."

할아버지가 할 수 없다는 듯이 불편한 다리를 이끌고 나가려던 찰나, 점장이 얼른 우산을 집어주며 말했다.

"할아버지 잠시만요, 여기 지팡이가 있습니다. 평소에는 지팡이로 쓰시다가 비가 오면 우산으로 쓰셔도 돼요."

할아버지는 지팡이에 의지해서 고맙다는 말까지 남기고 기쁘게 가던 길을 갔다.

지팡이 우산. 지팡이로 사용하다 비가 오면 우산으로 쓸 수 있다. 비가 오는데
다리도 아프면 어쩌지? 걱정 마세요. 지팡이가 쭉 빠져 나옵니다. 헐~

고정된 관점에서 보면 우산은 비를 피하는 도구이다. 그러나 또 다른 관점에서 본다면 우산도 필요에 따라 지팡이로 쓸 수 있다. 누가 나의 구형 휴대폰을 보고 아직도 그런 골동품을 쓰냐고 놀리면 나는 떳떳하게 대답한다. 이건 휴대폰이 아니라 통화기능도 되는 최첨단 시계라고. 고정관념을 버리고 새로운 관점에서 생각하면 얼마든지 새로운 가능성이 열린다.

일할 시간을 줄여라

세일즈에서도 고정관념을 버리지 않으면 실적에 한계가 생긴다. 시간이 많아야 실적을 많이 낸다는 세일즈맨들은 시간이 없어서 일을 못한다는 말을 자주한다. 일은 시간이 부족할수록 잘 된다. 일 년을 줘도 못하던 일을 한 달을 주면 할 수 있고, 한 달을 줘도 못 하던 일도 일주일을 주면 할 수 있다. 강력한 마감효과 때문이다. 나는 어떻게 하면 일할 시간을 없게 만들지를 항상 고민한다. 그래서 공부, 여행, 봉사를 하거나 강의를 하는 데 많은 시간을 할애한다. 시간이 부족하니까 더 절실하게, 열정적으로 일하게 되고 그렇게 하니까 생각했던 것 이상의 결과가 만들어진다. 고객들은 해도 되고 안 해도 된다는 자세로 일하는 사람에게 자신의 문제를 맡기려 하지 않는다.

2014년에는 120시간 사내 강의, 계절학기 포함 MBA 3개 학기 수강, 스페인과 모로코 여행, 책 쓰기 공부를 했다. 2015년에는 1월 히말라야 트레킹, 책 출간, 서울과 부산에서 60시간 강의, 4월 하와이 컨벤션, 5월 코타키나발루 가족여행, 코칭자격증 취득, 10월 춘천 마라톤 풀코스 4번째 도전 등으로 작년보다도 바쁜 일정이 기다리고 있었다. 일할 시간이 많아야 일을 많이 할 수 있다는 고정관념을 버렸기 때문에 일할 시간을 줄이고 여가 시간을 늘리는 것이 두렵지 않았다. 시간적 제약이 나를 최고의 세일즈맨으로 만들어 줄 것을 믿기 때문이다.

생각의 한계를 넘어서

내 주변에는 IT 분야에서 일하는 사람들이 많다. 그들에게서 가장 많이 듣는 말이 IT 분야는 40세가 한계라는 말이다. 그러나 이는 스스로의 가능성을 제한시키는 고정관념에 불과하다. 생각의 한계를 만들지 않는 것이 고정관념에서 벗어나는 길이다. 항상 새로운 것에 도전하고 벽을 허물어나가면 나이에 관계없이 오래도록 경험을 인정받으면서 일할 수 있다.

세일즈맨들도 '나이가 들면 건강이 안 좋을 텐데 무거운 가방을 들 수 있을까, 세대 차이가 나는 젊은 사람들을 만날 수 있을까' 하는 쓸데없는 걱정들을 많이 한다. 이렇게 생각하는 사람은 자기 자신을 조기에 정리해고 시키는 것이나 다름없다. 나는 지하철이나 건물에서 에스컬레이터보다 계단을 주로 이용한다. 따로 운동할 시간이 부족하기 때문에 세일즈를 하면서 운동하는 방법을 찾은 것이다. 가방이 무거워지는 것에 대비하여 서류가 아닌 아이패드 같은 가벼운 전자기기에 자료를 담아 다니고 있다. 젊은 친구들이 관심이 많은 다양한 취미 활동을 함께 하면서 어울리다 보니 젊은 사람들과 이야기하는 것도 두렵지 않다. 나이가 들어도 체력은 유지되고, 가방은 더 가벼워지고, 젊은 사람과의 벽이 허물어지니 나에게 정년이란 없다.

역발상의 천재들

아프리카 탄자니아 동물원은 기존 동물원과 달리 사람과 동물의 역할을 바꾸었다. 사람이 동물을 구경하는 것이 아니라 동물이 사람을 구경하는 것이다. 그 후 동물원을 찾는 관광객들이 급속도로 증가했고, 현재는 세계 각지의 동물원에서 탄자니아 동물원을 벤치마킹하고 있다.

비슷한 사례가 '자일리톨' 껌이다. 자일리톨이 나타나기 전까지는 양치를 하고 난 후에는 어떤 음식도 입에 대면 안 된다는 고정관념이 사람들을 지배했다. 하지만 잠자기 전에 씹는 껌이라는 역발상이 히트치면서 고정관념이 깨졌다. 정작 핀란드 사람들은 자일리톨이 뭔지도 모른다는 우스갯소리도 있지만 말이다.

학문에서도 전혀 다른 학문 간의 경계가 허물어지고 있다. 창조는 기존 것을 토대로 더 새롭게 하는 것이다. 경계가 허물어진다고 생각하지만 경계는 원래부터 없었다. 실질적인 경계가 사라졌다기보다 생각의 경계가 허물어졌다는 표현이 더 적합할 것이다.

회사를 바꾸지 말고 관점을 바꿔라

신입 세일즈맨이 열 사람을 만나 한 명을 계약했을 경우 반응이 두 부류로 나뉜다.

"아홉 건이 실패했군. 나는 이 일에 소질이 없나 봐. 다른 일을 찾아 봐야겠어."

라고 이야기하는 세일즈맨이 있는가 하면,

"내가 일을 시작한지 한 달도 안 되어 설명도 부실했는데, 벌써 한 건 성공했어. 다음에는 좀 더 잘할 수 있겠군."

라고 이야기하는 세일즈맨이 있다. 사람은 한 가지에 집중하면 다른 것은 못 본다. 전자의 세일즈맨은 실패한 아홉 건의 계약을 보니까 성공한 한 건이 보이지 않았고, 후자는 성공한 한 건을 보니 실패한 아홉 건이 보이지 않는다. 부정적인 관점을 가진 사람은 회사를 옮겨도 마찬가지다. 하지만 긍정적인 관점을 가진 사람은 지금 당장은 실적이 낮더라도 성공확률이 점점 높아져서 결국 회사를 대표하는 에이스가 된다. 회사를 바꾸는 것이 아니라 관점을 바꿔야 한다.

이렇게 관점을 바꾸면 고객의 컴플레인도 다르게 보인다. 단순한 불만이 아니라 고객이 바쁜데도 불구하고 고맙게도 회사의 발전을 위해 개선안을 이야기하고 있는 것으로 보인다. 모르고 넘어갈 수 있는 부분을 깨닫게 해주니 오히려 고마울 따름이다.

내가 바뀌면 세상이 바뀐다

골인점이 하나라는 고정관념에서 벗어나면 남들이 보지 못하는 골인점을 발견할 수 있다. 당연한 것을 의심하라! 경기가 안 좋아서 사업이 어렵다는 생각을 의심해보면 '경기가 안 좋다고 왜 내 사업이 어려워야 하지? 평생 경기 탓만 하면서 살 수는 없지. 오히려 이럴 때 기회가 있을지도 몰라.' 하고 생각하게 된다. '다른 고객은 아무 불평이 없는데 이 고객만 왜 사사건건 불만이지?'라는 당연한 생각도 '불평하지 않는 고객들에 비해서 정말 고마운 분이군. 이 고객만 만족시키면 나도 서비스가 한 단계 업그레이드 되겠어'라고 관점을 바꾸면 한결 마음이 편안해진다. 고객의 관점을 내가 억지로 바꿀 수는 없다. 그러나 나의 관점을 바꾸면 세상이 다르게 보인다. 김춘수의 〈꽃〉처럼 행복도 불행도 내가 이름을 붙여주기 전까지는 한낱 '무엇'에 지나지 않는다.

진심은 진실로 통한다

하루는 신문기자가 데일 카네기를 찾아와 물었다.

"이 회사에서 백만장자를 43명이나 채용할 수 있었던 비결은 무엇입니까?"

그러자 데일 카네기가 대답했다.

"나는 백만장자를 채용한 적이 없습니다. 그들이 회사에서 일하면서 백
만장자가 되었습니다."

– 용혜원, 《세일즈 성공을 위한 유머감각 만들기》

마음먹기

세상일은 마음먹기에 달렸다. 그 가운데 세일즈는 특히 그렇다. 바
쁘려고 들면 한없이 바쁘고 편하려고 들면 한없이 편한 것이 세일즈
다. '오늘은 고객님께 진심을 담아서 최선을 다해야지.' 하고 결심하지
만 역시나 작심삼일이다. 하지만 작심삼일도 120번만 하면 1년이 간
다. 매일 밥을 먹듯이 매일 마음을 먹으면 못 할 일이 없다. 마음에도
좋은 마음과 나쁜 마음이 있는데, 사람들은 밥은 유기농을 먹으면서
마음은 아무거나 먹는다. 남을 비난하고 원망하는 나쁜 마음은 자기

자신뿐만 아니라 남에게도 부정적인 영향을 끼친다. 마음도 어떻게 먹느냐에 따라 인간관계가 열리기도 하고 닫히기도 한다.

진심은 전달된다

영화 〈역린〉에서 정조가 대신들에게 중용 23장에 무슨 내용이 있는지 아는 사람 대답해 보라고 말한다. 그러자 아무도 말을 못 한다. 그때 내시 중 한 명인 상책이 대답한다.

"작은 일도 무시하지 않고 최선을 다해야 합니다. 작은 일에도 최선을 다하면 정성스럽게 됩니다. 정성스럽게 되면 겉에 배어 나오고 겉으로 드러나면 이내 밝아지고, 밝아지면 남을 감동시키고 남을 감동시키면 이내 변하게 되고, 변하면 생육됩니다. 그러니 오직 세상에서 지극히 정성을 다하는 사람만이 나와 세상을 변하게 할 수 있는 것입니다."

사람관계에서 '진심'만큼 중요한 것은 없다. 진심이란 상대에게 거짓 없이 깨끗한 마음을 보여주는 것이다. 진심이 통하면 인간관계의 벽이 허물어진다.

내 고객이었던 선배가 저녁회식 후에 귀가하다가 지하철 계단에서 넘어져 머리를 심하게 다친 사건이 있었다. 며칠 동안 생사의 갈림길에서 중환자실에 입원해 있었지만 내가 설계해준 보장 내용에는 해당사항이 없었다. 계약 당시 선배는 다른 곳에서 보장받는 것이 있었기 때문에, 가장이 없을 때 가족들에게 혜택이 돌아가는 순수 보장 위주로 설계해줬기 때문이었다. 다행히 선배는 의식을 회복했다. 그런데 병원에 입원하게 되었을 때는 우선 경제적으로 보상받는 것에만 관심을 갖다보니 선배 가족들의 불만이 많았다. 선배가 정상적으로 회복되어 퇴원할 즈음 찾아갔더니 조용히 내게 물었다.

"내가 그때 못 깨어났으면 가족들에게 얼마나 지급되지?"

보장금액을 알려 주었더니 그거면 만족한다고 했다. '어떤 경우에도 아이들의 꿈을 지켜주겠다'는 선배의 뜻에 따라 진심을 다해 내 고객과 고객 가족의 미래를 생각해서 설계한 내용이었다. 지금 선배는 직장에 복귀해서 정상적으로 생활하고 있다. 물론 선배 가족과의 오해도 풀렸다. 이렇게 오해가 빨리 풀리게 된 것은 내가 고객의 죽음까지 내다보고 진심을 다해 종합적으로 구상한 플랜이었기 때문이다. 사람이기 때문에 실수도 할 수 있고 오해가 발생할 수도 있다. 이기심에 의해 발생한 오해는 원한이 쌓일 뿐이지만, 진심을 다했는데 어쩔 수 없이 생긴 오해는 언젠가 반드시 풀린다.

머리가 아닌 가슴을 울려라

초코파이는 전 세계적인 인기 상품이다. 한 제품이 40년 이상 꾸준히 사랑받는다는 것은 정말 대단한 일이다. 1989년 초코파이 판매에도 위기가 왔었는데, 이때 회사는 낱개로 팔던 초코파이를 박스 단위로 팔면서 위기를 극복했다. 박스 단위로 사게 되어 나눠먹는 것을 정(情)을 나누는 것으로 의미부여해서 사람들의 마음에 깊이 호소했던 것이다. 사람들은 머리에 호소하면 생각은 하는데 행동은 안 한다. 결국 행동을 하게 하는 것은 생각이 아니라 느낌, 즉 '마음'이다. 다음은 예전의 초코파이 광고를 보고 어떤 주부가 썼던 글이다.

'초코파이 정, 광고 보셨나요? 이 새벽에 초코파이 광고 보고 가슴이 먹먹해지고 눈물이 찔끔 나오네요. 아! 초코파이 너무나 먹고 싶네요. 나의 정. 새벽에 일찍 편의점이라도 가서, 초코파이 한 박스 사와서 신랑 가방에 몰래 넣어야겠어요. 오늘 하루도 힘내라는 쪽지와 함께 말이죠.'

맛에 대한 이야기는 없다. 단지 정을 이야기했을 뿐인데 초코파이는 박스 단위로 날개 돋친 듯 팔렸다. 생일파티 때 생크림 케이크 대신 초코파이를 쌓아서 만든 한국인만의 독특한 케이크가 등장한 것도 이때부터였다.

초코파이. 2015년 새해 첫 출근 날 아침 편의점 두 곳을 싹쓸이해서 100개를 구입. 동료들에게 2~3개씩 나눠주면서 하나는 본인이 먹고, 나머지는 정든 사람들에게 주려고 했는데 투자대비 효과는 대박!

수억 원짜리 매니큐어

어느 은행에서 여직원 한 명이 가끔 오시는 할머니에게 매니큐어를 선물했다.

"뭘 이런 걸 줘?"

"어제 퇴근하는 길에 길에서 팔길래 샀어요. 할머니 매니큐어가 벗겨진 것이 생각이 나서요. 돌아가신 시골 할머니도 생각났고요."

수익률을 보고 고객을 유치한다는 계산에서가 아니라 할머니의 벗겨진 손톱을 생각하는 따뜻한 마음에서였다. 아무도 자신에게 관심을 가져주지 않는다고 생각했던 할머니는 여직원의 1천 원짜리 매니큐어에 감동해서 은행에 전 재산 수억 원을 예금했다. 깜짝 놀란 여직원이 물었다.

"이 돈으로 어떤 상품을 가입해 드릴까요?"

"아무거나 아가씨한테 도움 되는 것으로 해요."

가슴으로 세일즈를 하니 할머니도 마음을 열고 어떻게 해서든 보답을 해주고 싶었던 것이다. 시간이 흘렀는데도 여전히 많은 것을 생각하게 하는 에피소드였다.

약속, 그리고 자녀에게 전해진 엄마의 사랑

삼십 대 후반의 한 여자 고객이 있었다. 암수술을 받은 지 5년이 지났는데 암이 재발되어 여기저기 전이가 되고 말았다. 치료를 해도 회복될 가능성이 없는 상태였다. 그렇다고 치료를 포기할 수도 없었다. 그녀에게는 축구를 좋아하는 어린 아들이 하나 있었기 때문이다. 나는 우선 환자의 마음을 안정시키고, 치료에 집중할 수 있도록 여러 가지 방법을 찾았다. 처음 그녀를 만났을 때 그녀에게 했던 약속을 지키기 위해서였다.

"나는 당신이 정말 힘들고 어려울 때 당신과 가족들을 돕기 위해 내가 할 수 있는 일에 최선을 다할 것입니다. 그것이 제가 드릴 수 있는 약속입니다."

당시 남편은 실직상태라 치료비와 생활비를 마련하느라 정신이 없었다. 환자는 뻔한 집안 사정을 잘 알고 있었고, 아들에 대한 사랑을 이 세상을 떠나는 날까지 표현하고 싶어 했다. 그녀는 혹여 자신의 병원비 때문에 남편과 아들에게 부담을 줄 것 같아 치료에도 소극적이었다. 보험금을 미리 받으려면 여명(시한부)진단서가 필요했다. 그러나 담당의사는 여명에 대한 추정을 쉽게 할 수 없다며 진단서를 발급 해주지 않았다. 나는 환자와 함께 진심을 담아 설득했고, 결국 의사는 내 마음을 이해하고 진단서를 발급해 주었다. 그걸로 고객은 병원비와 아들의 양육비에 대한 걱정, 근심을 털어낼 수 있었다.

얼마 후 남편에게서 아이 엄마가 사망했다고 전화가 왔다. 제일 먼저 전화하는 거라고 하면서 아이 엄마가 '너무 고마웠고 도와주지 못해서 미안했다'는 말을 남겼다고 했다. 나도 아이들이 있는 아빠로서 남겨진 아들을 생각하니 가슴이 먹먹했다. 아내가 사망하기 열흘 전까지 아들 공부를 가르쳐 주었는데, 암이 골반까지 전이되어 앉지도 못하고 식탁에 서서 봐주었다고 한다. 그래도 사망 전까지 돈 걱정은 하지 않게 도와줘서 고맙다며 감사의 인사를 전했다. 나는 전화를 끊은 후에도 남겨진 어린 아들이 눈에 밟혀서 마음이 아팠다.

그러던 어느 날 종로에 있는 황학정에 활을 쏘러 갔을 때 문화체육부에 다니는 동료가 축구 경기 입장권을 우리들에게 선물로 나눠 준 적이 있었다. 운이 좋게 나는 2등석 두 장을 얻게 되었는데, 축구를 좋아한다던 그 아이가 갑자기 생각이 났다. 순간 아빠하고 둘이 가면 좋겠다는 생각이 들었다. 그리고 이왕이면 2등석이 아닌 1등석을 주고 싶어서 1등석을 얻은 동료를 설득해서 1등석 2장으로 바꾸었다. 아빠에게 전화를 했더니 너무나 기뻐했다. 내가 받은 감동에 비하면 축구 티켓은 아무것도 아니지만, 그 아이와 아빠에게 즐거움을 주었다는 것이 기뻤다.

진심에 답이 있다

세일즈에서 성공을 원한다면 진심에서 답을 찾아라. 진심으로 말하고, 진심으로 행동해 고객에게 진심을 깨우쳐 줘라. 세일즈를 하면서 잘 안 되거나 복잡한 문제가 발생하면 무작정 해결하려고만 하지 말고, 우선 나 자신에게 진심이었는지를 물어봐야 한다. 진심을 다했을 때 말에 힘이 생기고, 가슴이 뛰고 보람을 느낄 수 있다. 지금 당장은 이해가 안 되고 무모해 보일지라도 시간이 지나면서 빛이 나는 것이 진심이다. 진심을 다했다면 두려워할 것도 억울해할 것도 없다. 당당하게 의연하게 대처하고 기다리면 언젠가는 진심은 진실로 통한다.

항구에 머무는
배는 안전한 쓰레기다

항구에 머물 때 배는 언제나 안전하다. 그러나 그것은 배의 존재 이유가
아니다.

— 존 A. 셰드, 미국 교육자

서해안 작은 포구 옆에 나뒹구는 안전한(?) 배들

2016년 1월 남극 드레이크 해협

삶을 삶지 마라

프랑스는 '삶은 개구리 요리'로 유명하다. 손님이 주문을 하면 식탁 위에 버너와 냄비를 가져 와서 직접 개구리를 산 채로 냄비에 넣고 조리한다. 이때 물이 너무 뜨거우면 개구리가 펄쩍 튀어나오기 때문에 처음에는 개구리가 가장 좋아하는 15도부터 시작한다. 그러면 개구리는 아주 기분 좋은 듯이 가만히 엎드려 있다. 이때부터 매우 약한 불로 조금씩 물을 데우기 시작한다. 아주 느린 속도로 서서히 가열하기 때문에 개구리는 자기가 삶아지고 있다는 것도 모른 채 기분 좋게 잠을 자면서 죽어가는 것이다. 우리는 모두 개구리가 어리석다고 비웃는다. 하지만 정작 일상의 미지근한 삶 속에서 기분 좋게 삶아지고 있는 것은 우리들 자신이 아닐까?

냉장고를 부숴라

흔히들 냉장고의 기능이 신선도를 유지시키는 것이라고 생각한다. 그러나 그것은 착각이다. 냉장고는 단지 부패를 연장시키는 기능을 할 뿐이다. 우리의 삶도 마찬가지다. 단지 하루 하루 죽음을 늦추는 냉장고 속의 삶을 살고 있는 것은 아닌지 되돌아볼 필요가 있다.

장가도 못 가고 혼자 문방구를 하고 있는 40살이 넘은 후배가 있었다. 돈이 잘 벌리는 일도 아니고, 하고 싶은 일도 아닌데 먹고살기가 마땅치 않아 마지못해 하고 있는 것이다. 차라리 그 사업을 정리하고 다른 것을 한번 해보면 어떠냐고 하자 후배가 말했다.

"에이 형님, 그동안 들어간 돈이 얼만데 그만두려면 최소한 권리금은 받아야죠."

그런데 바로 앞에는 빈 상가들이 있기 때문에 권리금도 제대로 받을 수 없는 상태였다. 인생은 한번 뿐이고 소중한 시간은 지금 이 순간에도 흘러가고 있다. 나는 그때 그 후배의 모습에서 냉장고 속에서 박제가 되어가는 한 인간을 보았다. 활활 타오르지도, 차라리 싸늘하게 죽지도 못한 채 미지근하게 사는 삶이 과연 행복할까? 커다란 냉장고를 가지고 있는 야채장수는 장사를 소홀히 한다. 팔다가 남아도 보관하면 되기 때문이다. 만약 여러분에게 자기만의 냉장고가 있다면 아까워하지 말고 지금 당장 과감하게 부수어 버리자. 냉장고가 없는 야채장수는 목숨을 걸고 장사를 할 수밖에 없다. 그날 팔지 못하면 야채가 다 썩어버리기 때문이다.

안전한 이불을 걷어치우고

1남 4녀의 처갓집의 첫째사위는 한국은행에 다니고, 둘째사위는 수출입은행에 다닌다. 셋째사위인 내가 외환은행에 근무했었으니 사위 3명이 은행원 출신인 셈이다. 그런데 가장 안전한 은행을 나와서 하루하루가 벼랑 끝을 걷는 세일즈 전쟁터로 나선 셋째 사위를 보면서 장인 장모는 얼마나 불안했을까? 처음엔 나도 그랬다. 그러나 지금은 내가 불안한 것에 적응되었고, 도리어 보호막이 없는 것이 적당히 긴장되고 편안하다. 예전에 내가 다녔던 은행은 현재 합병되어서 없어졌다. 역설적이게도 가장 위험한 곳으로 떠난 나는 이제부터 시작인데 가장 안전한 곳에 머무른 옛 동료들은 아직도 끝을 붙잡고 불안해하고 있다.

사업 실패로 도피생활을 하는 아버지를 보며 자란 동료가 있었다. 아버지는 행여 빚쟁이들에게 잡힐까봐 사랑하는 아들을 먼발치에서 지켜보다 사라지곤 했다. 그 모습이 눈에 선한 아들은 '나는 절대로 사업은 하지 않겠다'고 몇 번이나 다짐했다. 결국 그 동료는 회사도 들어가지 않고 가장 안전하다는 공무원이 되었다. 몇 년을 안정적으로 생활하다 아내가 갑자기 큰 병을 얻었다. 빠듯한 공무원 월급에 병원비는 해결할 수 없는 큰 부담이었다. 결국 그는 공무원을 박차고 가장 위험하다는 세일즈에 뛰어들었다. 다행히 지금은 안정적이고 편안한 삶을 살고 있다.

가장 안전한 것이 가장 위험하다

스콧 피츠제럴드의 소설 《위대한 개츠비》에 나오는 개츠비는 자수성가한 인물이다. 어린 시절 가난했던 그는 상류집안 출신의 데이지와의 사랑을 잊지 못하고 밀주로 떼돈을 번다. 매일 호화로운 저택에서 파티를 열며 유부녀가 된 데이지를 기다리던 개츠비는 결국 믿었던 그녀에게 배신당하고 죽고 만다. 배신이라는 것은 어쩌면 개츠비 자신만의 생각이었는지도 모른다. 원래 배신은 가장 믿을 만한 사람에게 당한다. 믿지 못하는 사람은 아예 신뢰가 없기 때문에 배신당할 위험도 낮다. 안전하다고 믿었는데 배신당하니까 더 억울하고 분한 것이다.

세일즈도 잘 팔리는 상품만 팔면 언젠가는 위험이 올 수밖에 없다. 잘 팔리는 상품을 팔면서도 팔기 힘든 상품을 팔 수 있는 능력을 기르고 준비해야 한다. 나는 일부러 가장 팔기 힘든 상품을 선택해서 지속적으로 파니까 오히려 안전해지고 나만의 가치를 인정받을 수 있었다. 어쩌면 위험이라는 쓰디쓴 내용물은 안전이라는 달콤한 설탕으로 포장되어 있는지도 모른다.

뜨거운 치킨전쟁

〈매일경제〉에 의하면 신촌에서 치킨집을 운영하는 박형래 씨(가명·45)는 젊은 나이에 백발이 되었다. 장사가 너무 안 돼 극심한 스트레스에 시달렸기 때문이다. 심한 과장 아니냐고? 속사정을 들어보면 그렇지도 않다. 박 씨의 가게 반경 1km 안에 치킨집만 무려 13곳이 있다. 한 달 평균 매출 300만 원으로는 임대료와 인건비를 대기도 빠듯하다. 흰머리가 보기 흉하지만 염색약 한 통 사는 것도 아까워서 참아야 한다. 박 씨는 드라마 미생을 보면서 '회사가 전쟁터라고? 밖은 지옥이다'라는 대사에 그만 울음을 터뜨렸다고 한다. 요즘 박 씨는 입버릇처럼 말한다. 눈칫밥을 먹더라도 회사에 붙어 있었어야 했다고. 그걸 못 참고 퇴사를 한 걸 정말 후회한다고 말이다.

우스갯소리로 명퇴시즌이 되면 닭고기 회사 주가가 올라간다고
한다. 치킨집은 특별한 준비 없이 아무나 쉽게 시작할 수 있는 사업
으로 생각하기 때문이다. 하지만 대부분의 결과는 박 씨의 경우와
크게 다르지 않다. 프라이팬이 뜨거워서 뛰어내렸더니 끓는 기름통
속으로 떨어진 격이다. 아무 준비 없이 남들을 따라가면 반경 1km
안에서 치킨집 12곳과 경쟁해야 한다. 언제까지 이런 악순환을 계속
해야 하는가?

물컵 러시안 룰렛

자, 여러분 앞에 10개의 물컵이 있고, 그 중 9개의 컵에 독약이 들
어있다고 가정하자. 그 중 한 컵을 마시는 대가로 10억 원을 주겠
다고 하면 과연 마시겠는가? 10컵 중에 1컵만 독약이 있어도 마실
까 말깐데 누가 그런 미친 짓을 하냐고? 사실 다들 알면서도 마신
다. 100명이 사업을 하면 그 중 1~2명이 성공한다. 넉넉잡고 보더라
도 100명 중 90명은 사업에 실패한다는 것을 알면서도 너도 나도 사
업에 뛰어든다. 그 이유는 누구나 된다고 하는 안전한 사업을 하려고
하기 때문이다. 다음과 같은 헬렌켈러의 말을 명심하자.

"안전은 환상일 뿐이다. 삶은 과감한 모험이거나 아무 것도 아닌
둘 중 하나다. 안전이란 것은 자연계에 존재하지 않는다. 위험을 피하
는 것은 위험에 노출된 것 만큼이나 안전을 보장하지 않는다."

에임스팟을 찾아라

자신이 통제할 수 없는 일에 대해 걱정하는 것은 이치에 맞지 않는다. 왜냐하면 걱정해봐야 소용없는 일이기 때문이다. 스스로 통제할 수 있는 일에 대해 걱정하는 것 또한 이치에 맞지 않는다. 왜냐하면 그 일은 이미 걱정할 필요가 없는 것이기 때문이다.

– 웨인 다이어, 미국 심리학자

"핀을 보지 말고 에임스팟을 보세요!"

볼링을 처음 배울 때 가장 많이 들었던 말이다. 에임스팟이란 공이 목표한 지점으로 가기 위해 통과해야 하는 중간지점을 말한다. 볼링에서도 에임스팟을 보지 않고 핀을 보면 자세가 틀어지고 불안한 상태에서 공을 던지기 때문에 도랑으로 빠진다. 세일즈에서도 목표가 크고, 장기적일수록 내가 오늘, 한 달 후, 1년 후에 해야 할 것에 집중하는 것이 중요하다. 마라톤 풀코스를 골인지점만 바라보며 뛸 수는 없다. 5km, 10km, 하프 지점을 페이스대로 통과해 나가다보면 어느 새 골인지점에 도달하게 된다. 하지만 중간지점을 일정시간대에 통과하지 않고는 원하는 기록에 완주할 수 없다.

에임스팟에 집중하는 것이 더 쉽고 안전한데
실제 게임에서 이를 실천하는 것은 쉽지 않다.

할 수 있는 것과 없는 것

목표를 세울 때는 할 수 있는 것과 할 수 없는 것을 구별하는 것이 중요하다. 할 수 있는 것에 집중하면 할 수 없는 것이 자동적으로 해결된다. 다음 중에서 할 수 있는 것은 몇 가지일까?

1. 시간관리
2. 3년 안에 5kg 감량하기

3. 고객에게 고맙다는 말 듣기

4. 8시 전에 출근하기

5. 운전면허 취득

6. 가족에게 하루 한 가지씩 칭찬하기

7. 3년에 3천만 원 모으기

8. 하루에 3명 만나기

9. 급여 매월 300만 원 이상 유지하기

10. 지금하고 있는 일 10년 하기

사람들은 10가지를 대부분 할 수 있는 것으로 생각한다. 하지만 실제로 할 수 있는 것은 2~3가지에 불과하다. 시간은 내가 멈추거나 빨리 가게 할 수가 없다. 내가 할 수 있는 것은 시간의 흐름 속에 나의 스케줄을 넣는 것뿐이다. 몸무게를 줄이는 것 또한 마찬가지다. 5kg 감량이라는 결과는 내가 당장 어떻게 할 수 없다. 내가 할 수 있는 것은 감량을 위해 식사량을 줄이거나 운동을 하는 것 정도다. 이런 식으로 생각해보면 내가 할 수 있는 것은 4번, 6번, 8번뿐이다. 내가 할 수 있는 것은 에임스팟과 같고, 할 수 없는 것은 볼링 핀과 같다. 볼링 핀을 보지 말고, 에임스팟을 찾아서 에임스팟에 집중해야 한다.

할 수 있는 일에 집중하라

어떤 세일즈건 전화하고 만나는 것이 기본이다. 나의 세일즈 에임스팟은 하루에 10통 이상 전화를 하는 것이다. 일정 수준의 전화를 하면 반드시 목표한 실적이 나온다. 실적은 관리할 수 없지만, 전화하는 것은 충분히 내가 관리할 수 있다. 전화를 1주일에 50통을 한다고 에임스팟을 정해보자. 이 에임스팟을 정하는 것이 간단하고 쉽게 정할 수 있을 것 같은데 의외로 세우지 못한다. 이유는 2가지다. 첫 번째는 실제로 50통의 전화를 하는 것이 무척 힘들기 때문이고, 두 번째는 에임스팟을 정한 후에 달성하지 못하면 남들에게 적나라하게 드러나기 때문이다. 하기 싫고 두렵기 때문에 할 수 있는 것조차 하지 않고 막연히 먼 미래만 바라보고 있는 것이다.

변화는 내가 할 수 있는 것을 하는 데서부터 시작된다. 처가네 조카가 고등학교에 진학한 후 성적이 많이 떨어져서 고민하고 있었다. 그래서 내가 수능만점자 출신 컨설턴트를 한 명 소개해 줬는데, 그는 전문가답게 처조카에게 명확한 에임스팟을 설정해 주었다. 예를 들어 수학 1등급이 되려면 수학문제를 하루에 30문제씩 풀면 된다. 마찬가지로 2등급은 20문제씩, 3등급은 10분제씩 풀면 된다. 시험 전에 통과해야 할 기준점을 알고 있으면 시험 본 후에 억울해 하거나 다음에 어떻게 해야 하는지를 걱정할 필요가 없다. 1등급을 목표로 했는데 2등급이 나온 것은 한 달에 900문제를 풀었어야 하는데 700문제를 풀고 시험을 보았기 때문이다. 이것을 알면 다음에 부족한 양을 더해서 그 기준점만 통과하면 목표를 이룰 수 있다. 등급은 내가 어떻게 할 수 없다. 하지만 하루에 30문제씩 한 달에 900문제를 푸는 기준점을 통과하는 것은 스스로 얼마든지 통제할 수 있다.

100세 시대의 에임스팟

우리 어머니는 97세에 돌아가셨다. 곧 평균수명 100세 시대가 온다고 한다. 앞으로는 노화된 장기를 임플란트, 인공관절, 인공심장으로 교체해서 오랫동안 살아가는 사람들이 등장할 것으로 예상된다. 이런 시대가 온다면 일하는 기간을 늘리지 않고는 답이 없다. 그래서 나는 90세까지 일을 하겠다는 목표를 세웠다. 미국의 '브루노 핀코스'라는 세일즈맨은 70년간 세일즈를 하고, 90세에 은퇴하여 94세에 돌아가셨다. 나 역시 90세까지 일을 하기 위해서 설정한 에임스팟이 있다. 바로 건강과 일이다. 최소 60세까지는 매년 히말라야, 설악산, 지리산, 한라산 중 3개 이상 등반하는 것이 첫 번째 에임스팟이다. 이것만 지키면 건강은 문제없다. 두 번째 에임스팟은 일과 놀이의 균형을 맞추는 것이다. 90세까지 일하기 위해서는 일이 일처럼 생각되어서는 안 된다. 일이라는 생각이 들지 않으면 굳이 그만둔다는 것이 의미가 없기 때문에 계속 할 수 있다. 그래서 나는 일이 공부, 여행, 봉사, 활쏘기, 강의 등 최소 6가지 중 하나 정도 수준의 비중이 되도록 노력하고 있다.

문제에 머물지 마라

에임스팟은 가만히 앉아서 한번에 정할 수가 없다. 공을 이쪽저쪽으로 던지다보면 점점 나에게 맞는 에임스팟이 정해진다. 이 과정을 건너뛰고 단기간에 에임스팟을 잡으려고 하거나 멀리 있는 핀만 보고 공을 굴리면 결국 도랑에 빠지고 만다.

에임스팟은 내가 통제할 수 있는 것을 정하는 것이 무엇보다 중요하다. 회사, 상품 등은 내가 어떻게 할 수 있는 것이 아니기 때문에 나는 고객에만 집중한다. 문제에만 집중하고 문제에 머물러 있으면 문제는 해결되지 않고 점점 더 심각해질 뿐이다. 문제가 생기면 문제에서 벗어나 해결책이 있는 곳으로 이동해야 한다. 문제가 있는 곳에 머무르면 문제점만 보이고, 해결책이 있는 곳에 머무르면 해결책만 보인다. 그래서 '문제를 가지고 있는 사람이 문제다.'라고 이야기한다.

4장

인생에서 지혜를 깨닫다

우리 집 아이가 아니다

아름다운 보답

경계를 경계하라

멀리 나는 비행기의 활주로는 길다

인생의 핸들을 잡아라

직장입니까? 직업입니다!

메신저가 되라

당신의 가격표는 얼마입니까

우리 집 아이가 아니다

아이들은 부모의 등을 보고 배운다고 한다. 그러나 어느 누구도 자신의 등을 볼 수는 없다. 자신의 등을 보는 거울이 바로 자식이다. 그런 의미에서 자녀는 나를 단련시키는 고마운 존재이며 육아는 곧 자기성장이다.

― 이케다 다이사쿠, SGI 명예회장

남의 아이 키우기

우리 집 냉장고에는 '우리 집 아이가 아니다'라는 스티커가 붙어 있다. 우리 집 아이라고 생각하면 감정이 앞서서 합리적으로 판단할 수 없다. 하지만 우리 집 아이가 아니라고 생각하면 이상하게 마음의 여유가 생기고 객관적으로 판단할 수 있다. 아들이 중학생 때였다. 어느 날 아내에게서 다급하게 전화가 왔다.

"아들이 경찰서에 잡혀가게 생겼으니 빨리 와 봐요."

학교 앞으로 가보니 학생 5명이 슈퍼 주인 앞에서 모두 고개를 푹

숙이고 서 있었다. 아들의 친구 중 한 명이 슈퍼에서 물건을 훔치다 들켜서 절도죄로 붙잡혀 있었다. 아들은 멀찍이서 망을 봐주었다고 한다. 그 말을 듣는 순간 화가 머리끝까지 치밀어 올라 한 대 세게 쥐어박은 다음 다섯 명 모두 무릎을 꿇게 했다.

"남의 물건을 훔치는 놈들이 공부는 해서 뭐 하냐? 너희 같은 애들이 공부하면 더 큰 도둑질을 할 수 있으니까 공부 필요 없고 파출소로 가자."

하고 화를 냈다. 만약 과자를 훔친 아이가 우리 집 애가 아니었다면,

"애야, 왜 훔쳤니? 배가 고파서 그랬어? 그렇더라도 남의 물건을 훔치면 되겠니? 슈퍼 아저씨는 새벽부터 열심히 일하여 힘들게 마련한 돈으로 사다 놓은 건데 없어지면 얼마나 화가 나고 슬프겠니? 네가 슈퍼아저씨 입장이라면 어떨지 한번 생각해보렴."

이라고 전문가처럼 이성적으로 이야기했을 것이다. 그런데 그게 남의 집 아이에게는 잘 돼도 우리 집 아이한테는 잘 안 된다. 감정이 격해져서 자초지종을 물어보기 전에 손이 올라가거나 험한 말부터 하

지금도 우리 집 냉장고에 붙여놓았다.

게 된다. 결국 슈퍼 주인이 한발 물러나서 파출소까지는 가지 않고 1인당 10만 원씩 배상하는 선에서 끝냈지만, 그날 이후 냉장고에는 '우리 집 아이가 아니다'라는 스티커가 붙었다. 가끔 아들놈이 너무 무심한 것 아니냐고 투덜대지만, 오히려 자식들을 객관적으로 볼 수 있는 좋은 기회가 되었다.

멀어져야 가까워진다

오하이오 주립대학의 리비 교수는 2004년 대선을 하루 앞두고 대학생 146명을 대상으로 실험을 했다. 우선 학생을 A, B 두 그룹으로 나눈 후 A그룹 대학생들에게 주문했다. "내일 투표장에서 여러분이 투표하는 모습을 각기 1인칭으로 떠올려 보세요." 학생들은 시키는 대로 눈을 감고 자신들이 투표장에 걸어 들어가 투표용지에 후보를 선택하는 장면을 자유롭게 상상해보았다. 몇 초씩 반복해서 상상하든, 몇 분간 지속적으로 상상하든, 그건 자유였다.

B그룹 학생들에게도 그런 방식으로 자신이 투표하는 모습을 상상하도록 했다. A그룹과 다른 점은 1인칭이 아니라 3인칭으로 상상하도록 한 점이었다. "여러분이 투표하는 모습을 카메라가 관찰하듯이 '저 사람은 투표용지에 후보를 찍고 있어'라는 식으로 떠올려 바라보세요. 자신을 남으로 보는 겁니다."

이튿날 두 그룹 사이에는 어떤 차이가 나타났을까? 자신이 투표하는 모습을 1인칭의 시각으로 상상한 학생들은 72%가 투표했지만, 3

인칭의 시각으로 상상한 학생들은 무려 90%나 투표장에 갔다. 조사 대상이 아니었던 다른 학생들의 투표율은 20%를 밑돌았다. 이처럼 나 자신을 객관화시켜 볼 때 긍정적인 결과가 나온다. 마찬가지로 우리 아이들을 남의 아이들인 것처럼 생각할 때 이성적으로 행동하게 되고 관계가 좋아진다. 남의 집 아이인 것처럼 멀리 떨어뜨려 놓았더니 오히려 더 가까워진 것이다.

하나보다 둘이 낫다

어느 날 10년 가까이 알고 지내던 고객으로부터 고민 상담 전화가 왔다.

고객의 언니에게는 외아들이 있었다. 사업이 잘될 때 미국으로 유학을 보냈는데 사업이 어려워지다 보니 엄청난 학비와 생활비를 도저히 감당할 수 없는 상황에 이르렀다는 것이다. 눈물을 머금고 아들을 설득해 공항까지 데려 왔는데, 아들이 공항에 누워서 난동을 부리기 시작했다. 결국 경찰에 끌려가 망신만 당하고 결국은 못 데려왔다고 한다. 부모가 얼마나 형편이 어려웠으면 하나뿐인 아들의 공부까지 중단시켰을까? 이런 부모의 마음을 모르고, 아들은 부모가 어떻게 되든 자기는 하고 싶은 공부를 해야겠다고 생각했던 것 같다.

이런 사례는 자녀가 하나인 경우에 특히 많이 발생한다. 귀한 자식이라고 어려서부터 모든 요구를 들어주다보니 발생하는 안타까운 현상이다. 나는 그것이 자녀의 잘못이라기보다는 제대로 도리를 가르치지 못한 부모의 잘못이 더 크다고 생각된다. 아이를 애지중지 키우다보니 객관적으로 아이의 잘못을 고쳐주지 못한 것이다. 그 아들이 앞으로 제대로 인생을 살 수 있겠는가? 나는 아이가 하나인 가정에 가서는 아이 하나 더 낳으라고 권한다. 오히려 둘이 비용도 덜 들 수 있고 부모의 관심이 분산되기 때문에 위험도 덜하다. 남의 아이처럼 키워야 서로에게 상처 받을 일도 줄일 수 있다.

우리 고객이 아니다

세일즈를 할 때도 '우리 고객이 아니다'라고 자기최면을 걸어야 고객 입장에서 제대로 상품을 제안할 수 있다. 반드시 계약을 성사시키겠다는 압박감을 가지고 고객을 대하면 분위기도 불편해지고 성사율도 낮아진다. 반면에 계약을 기대하지 않고 그냥 오늘은 좋은 이야기만 부담 없이 나누어야겠다는 생각으로 이야기하면 의외로 신기한 아이디어들이 많이 떠오르고 좋은 결과를 얻을 수 있다.

고객과의 적절한 거리가 중요하다. 세일즈맨 입장에서 너무 많은 것을 해주려하면 도리어 갈등이 발생한다. 내 고객이지만 남의 고객처럼 무관심하게 대할 필요도 있다. 적절한 거리를 유지하면서 때에 맞게 고객의 삶에 필요한 것을 채워주는 것이 전문가의 역할이다.

매니저가 정말 마음에 들지 않으면 이렇게 생각해 보자.

'우리 매니저가 아니야. 누구네 지점인지 참 걱정된다. 나는 다행이다.'

회사가 마음에 들지 않으면 이렇게 생각해 보자.

'우리 회사가 아니다. 우리 회사가 아니라 참 다행이다.'

이렇게 생각하는 것만으로도 일단 마음이 편해진다. 시간이 지나면서 그토록 미워했던 매니저나 회사의 입장이 이해가 되기도 한다. 긍정적인 마음을 불러일으키는 가장 좋은 방법은 멀리 떨어져서 관조하는 것이다.

쓰리 고 교육법

송 나라의 어떤 농부가 모를 심었는데 좀처럼 잘 자라지 않았다. 어떻게 하면 빨리 자랄까 궁리한 끝에 모를 하나씩 뽑아서 늘여주었다. 녹초가 된 농부는 집으로 돌아와 말했다.

"아, 피곤해. 모가 하도 작아서 잘 자라도록 도와주고(조장: 助長) 왔지."

집안사람들이 놀라 논으로 뛰어가봤더니 모들이 목이 뽑힌 채 전부 말라 죽어 가고 있었다.

고객들이나 아이들이나 내 뜻대로 되지 않는다고 함부로 '조장' 해서는 안 된다. 자녀를 키울 때 '믿고, 맡기고, 기다리고'의 쓰리 고(3GO)를 하면 아이들이 제대로 자란다. 하지만 엄마 입장에서는 아이에게 모든 것을 맡기기로 결심하고 30분도 지나지 않아서 아이를 불러 앉히고 채근을 하게 된다. 조장을 하고 있는 것이다. 그만큼 자기 아이를 제대로 가르치는 일이 쉽지 않다. 우리 집 아이가 아니라고 생각하고 한 걸음 물러나는 지혜가 필요하다.

아름다운 보답

광야로 내보낸 자식은 콩나무가 되었고 온실로 들여보낸 자식은 콩나물
이 되었다.

– 정채봉, 《콩씨네 자녀교육》

아이들에게 세일즈한 아름다운 보답

요즘 아이들은 부모가 자신을 키워주는 것에 대해 당연한 것으로
생각한다. 그래서 나는 아이들에게 부모의 은혜에 대해 고마워하고
보답하게 할 방법을 고민하다가 '아름다운 보답'이라는 일종의 시스
템을 만들었다. '아름다운 보답'의 내용은 이렇다.

'부모님의 보살핌 속에 행복하게 잘 성장한 것에 감사드립니다. 앞
으로 학교생활을 마치고 사회에 나가 경제활동을 하고 수입이 발생
하게 되면 총수입의 10%를 매월 부모님께 드릴 것을 약속드립니다.

이 내용은 다음 대까지 오래오래 이어졌으면 합니다."

그러자 고등학생 아들이 물었다.

"아빠! 200만 원 받아도 10% 드려야 돼요?"

당시 본인의 한 달 용돈 5만 원과 비교할 때 200만 원에서 20만 원을 준다는 것이 크게 느껴졌나 보다. 그래서 내가 대답했다.

"네가 200만 원 받는 수준에서 20만 원을 매월 우리가 받는다면 사람들은 우리를 앵벌이라고 이야기할거다. 그러나 네가 노력해서 너의 가치를 높여 500만 원을 받는다면 10%인 50만 원을 우리에게 줘도 네가 쓸 수 있는 돈이 450만 원이 된다. 그 정도 수준에서는 정말 어려운 사람이 주위에 있다면 엄마나 아빠가 아니더라도 충분히 도와줄 수 있는 수준 아니냐? 그러니까 10%에 신경 쓰지 말고 너의 가치를 높이는 데 집중하면 좋겠다."

이번에는 옆에 있던 대학생 딸이 조바심을 내며 물었다.

"아빠, 부부합산이에요?"

나는 어이가 없어서 웃으며 대답했다.

"네 신랑은 상관없어. 우리가 키운 것이 아니니까."

그제서야 딸은 안도의 한숨을 내쉬었다.

대를 이은 보답

"너희들이 내는 것을 아까워 할 필요 없어. 밑 부분에 적혀 있는데 이 시스템은 다음 대까지 이어지기 때문에 너희들은 너희 자녀들에게 받으면 된다. 손자 손녀에게는 엄마 아빠가 이야기해 줄 거야. 걱정하지 않아도 돼."

그러고 나서야 두 아이는 동의하고 서명을 한 후에 소감을 적었다. 소감을 적어야 내용을 제대로 이해했는지 확인할 수 있다.

'아름다운 보답'을 할 때는 부모가 연대해서 서명해야 효과가 크다. 요즘 부모들은 흔히 자녀들에게 우리도 너희에게 피해 안 줄 테니 너희들도 우리에게 피해 주지 말라고 말한다. 그러나 가족은 서로 상처를 주고 받으면서 그것을 치료하고 보듬어주며 사는 것이다. 피해를 주지도 받지도 않겠다면 왕래를 끊거나 이민을 가면 된다. 자식들이 준 것을 받아서 쓸 수도 있겠지만 모아놓았다 자식들이 어려울 때 다시 내어준다면 자식은 그동안 투덜거렸던 것을 반성하면서 가족의 끈끈함을 다시 느끼게 된다.

어떤 분은 어차피 지켜지지 않을 텐데 '아름다운 보답'을 쓰면 뭐하냐고 묻는다. 그래서 나는 아름다운 보답에 대해 6년째 자필 서명을 받고 있다. 실제적인 효과가 있으려면 최소 열 번은 받아야 된다고 생각한다. 아직 4번이나 남았다. 매번 쓸 때마다 소감 내용은 달라진다. 우리 가족의 소감 내용은 다음과 같다.

'공부 열심히 하겠습니다. 부끄럽지 않은 자신이 되기 위해 노력하겠습니다. 매사에 감사하고 더욱 성숙해지도록 노력하겠습니다.' (아들)
'열심히 가치를 높이는 데 노력하겠습니다. 목표를 이루기 위해 열심히 노력하겠습니다. 꾸준히 가치를 높이기 위해 노력 하겠습니다.' (딸)
아빠와 엄마는 다음과 같이 화답한다.

'본인의 가치를 생각하고 가치를 높이는 계기가 되리라 믿는다. 성장하는 것에 감사하고 사랑한다. 가치를 높이고 그 가치를 나누기를 바란다.' (아빠)

'키운 보람을 느끼게 해주리라 믿는다. 갈수록 대견스럽고 자랑스럽다. 지혜롭게 성장하길 바란다.' (엄마)

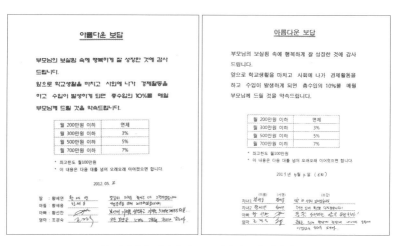

2012년부터 시작해서 2017년까지 6번 받았다.

열 번의 약속

같은 서약을 열 번 정도 받으면 무의식에 각인된다. 약속을 이행하지 않으면 마음이 불편해서 못 견디게 된다. 내가 처음 만들어 시행한 아름다운 보답은 아직까지는 부족한 부분도 있다. 어떤 사람에게는 노예 계약서처럼 보일 수도 있다. 그래서 아름다운 약속은 매

년 업그레이드된다. '200만 원 월급을 받아도 20만 원 바쳐야 하냐'
는 아들의 질문 때문에 면제 구간을 설정했다. 금액이 커지면 또 다
른 문제를 야기할 소지가 있어 상한선은 100만 원이다. 이 글을 읽는
다른 분들도 관심이 있다면 본인의 실정에 맞게 활용하면 좋겠다. 3
년 전에 처음 작성해서 서명 받은 후 얼마 있다 어버이날이 돌아왔
다. 딸이 녹음 파일로 어버이날 인사를 보내왔다. 아름다운 보답을
하게 해주셔서 당시에는 부담스러웠지만, 지금은 오히려 부모님의 은
혜를 알게 되어 감사하다는 내용이었다. 당시 걱정 가득한 표정으로
"부부합산인가요?" 하고 묻던 딸의 표정이 떠올라 슬그머니 미소가
지어졌다. 그리고 올해 엄마 생일날 카드를 썼는데, 카드내용 중에 빨

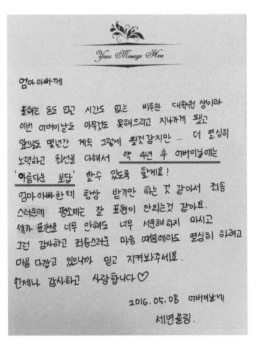

아름다운 보답을 기억하고 빨리 보답하고 싶다는 우리 딸의 편지

리 독립해서 아름다운 보답을 실천하고 싶다는 내용이 들어 있어 대견하고 기뻤다.

가문의 전통을 세우자

나는 고객들에게 '아름다운 보답'에 대해 설명한 후 다음과 같은 말을 덧붙인다.

"오늘 저는 아이들에게 노후 자금을 받아 생활할 수 있는 좋은 정보를 드렸습니다. 그것이 어렵다는 생각이 드시면 제가 제안해 드리는 노후자금 플랜에 서명을 하시면 됩니다. 자녀들에게 받는 플랜은 부도날 가능성이 많기 때문에 보조적으로 제가 제안해드리는 노후 플랜을 선택하시는 분들도 많습니다."

재미있게도 이렇게 해서 세일즈에서 성과를 낸 사례도 많다. 요즘 아이들이 부모의 은혜를 모르는 것은 나빠서라기보다 몰라서이다. 부모에게 어떻게 보답해야 되는지를 명확하게 말해주는 사람들이 없으니까 아무 생각 없이 부모를 현금 인출기쯤으로 여기고 막 대한다. '아름다운 보답'은 이러한 것을 명확하게 이야기해주고 가문의 전통을 세울 수 있는 여러 가지 의미가 담겨져 있는 시스템이다. 이 책을 읽고 있는 독자들도 언제든지 나에게 이메일(hwangsun113@naver.com)로 연락을 주면 기쁜 마음으로 양식을 보내 드릴 예정이다.

우리 가족의 꿈

경계를 경계하라

자신을 개방하는 일은 다른 사람과의 교환을 통해 이루어진다. 우리는 교환을 통해 자신과 다른 사람들을 더욱 명확하게 볼 수 있는 빛을 서로에게 건네준다.

— 전옥표, 《이기는 습관》

화장실 낙서가 사라진 이유

신은 죽었다 – 니체
니체는 죽었다 – 신
니네 둘 다 잡히면 죽는다 – 청소 아줌마

누구나 알고 있는 유명한 화장실 낙서다. 김용학 교수의 '경계에 피는 꽃'이라는 강의에서, 10년 전 어느 연세대 학생이 이화여대와 연세대 여자 화장실의 낙서에 관한 연구 리포트를 발표했다고 한다. 연구 결과는 모두의 예상을 깨고 여자학교인 이화여대의 화장실의 낙서가 남녀공학인 연세대의 화장실 낙서보다 더 리얼하고 적나라했다고 한다. 조사 결과를 본 이대 교수님은 교육의 효과로 여성이 성적 주도권을 확보한 결과라며 자랑스러워했다. 그로부터 10년이 지난 후 다시 양쪽 대학의 화장실 낙서를 조사했더니 의외의 결과가 발생했다. 10년 전과 달리 낙서가 거의 사라져버린 것이다. 그 원인은 스마트폰이었다.

과거 딱히 속마음을 하소연할 곳이 없었던 시절에는 칸막이가 쳐진 화장실 벽이 유일한 스트레스 해소 공간이었다. 그런데 근 10년 사이 스마트폰이 일상화되면서 온라인과 오프라인의 경계가 허물어졌다. 속마음을 익명으로 얼마든지 온라인 공간에 배설(?)할 수 있게 되니 더 이상 구질구질하게 화장실 벽에 낙서할 필요성이 사라진 것이다. 또 간단한 정보는 스마트폰에 적으면 되니 노트와 펜을 가지고 다니지 않게 되었다. 낙서를 하고 싶어도 낙서할 펜이 없는 것이다. 화장실은 극히 일부의 사례일 뿐이다. 온라인과 오프라인을 비롯하여 사회 각 영역의 경계가 허물어지면서 우리가 느끼지 못하는 사이 생활패턴 자체가 바뀌고 있다.

렛잇비

비가 오는 날 동창 6명이 3명씩 편을 짜서 노래방에서 게임을 했다. 비가 오는 날이니까 '비'가 들어있는 제목의 노래만 부르는 게임이었는데 예약이 막히는 팀이 노래방 비용을 대기로 했다. 처음에는 '겨울비'나 '비와 외로움'처럼 누구나 알 만한 노래가 쏟아져 나오더니, 30분 정도 지나니까 점점 예약 속도가 느려졌다. 1시간 정도 되자 '나비효과'처럼 제목에 '비'자가 들어간 것은 거의 다 나왔다. 그 때 모두의 논란을 뒤로 하고 누군가 '렛잇비'를 신청했다. '국내노래'만 된다는 생각의 한계를 허문 것이다. 뒤이어서 누군가 '비유티풀'을 예약했다. 이렇게 생각의 벽이 허물어지자 예약에 또다시 불이 붙기 시작했다.

고정된 생각의 틀은 깨져야 한다. 변화하는 물결 속에서 틀을 계속 깨가며 효율성을 높여가는 사람과 틀 안에 안주한 사람은 경쟁이 되지 않는다.

우리나라는 문과와 이과의 두터운 경계가 경쟁력과 효율성을 떨어뜨리고 있다. 삼성은 애플과 소송전을 벌일 때 역설적이게도 미국 변호사를 쓸 수밖에 없다. 컴퓨터공학과 법학을 두루 통섭한 전문변호사가 국내에는 없기 때문이다. 변호사는 문과를 공부한 사람만 해야 한다는 생각의 한계에 갇혀있는 것이다. 자산운용사에 근무하는 한 고객은 이러한 경계를 허물어서 자신의 가치를 높였다. 보통 공대에서 대부분 제일 싫어하는 과목이 컴퓨터 공학이다. 중간에 하나만 잘못되어도 전혀 다른 결과가 나타나니 적성에 안 맞는 사람에겐 너무 힘들다. 한편 상경대에서 가장 기피하는 과목은 회계학이다. 딱딱한 숫자로 시작해서 숫자로 끝나니 문과생들에게 어렵게 느껴질 수밖에. 그런데 이 두 가지를 합치면 가장 효과적인 직업모델이 창출된다. 주식가격을 예측할 때 회계학적 관점에서 분석하고 컴퓨터 공학적인 측면에서 프로그래밍하며 안정적이고 정확하게 주가를 예측할 수 있다. 경계가 허물어지면 엄청난 시너지 효과를 낼 수 있다.

공학과 명당의 만남

영남대학교 신소재공학부 이문호 교수는 KAIST 재료공학과에서 박사 학위를 취득하고 영남대 공과대학 최연소(27세) 교수로 임용된 것으로 유명하다. 그런데 그가 더욱 유명해진 이유는 12년 이상 풍수에 대한 과학적 접근을 정리한 《명당》이란 책을 출간했기 때문이다.

이 교수가 풍수와 인연을 맺은 것은 1998년 아버님이 돌아가셨을 때 묏자리를 알아보다 만난 풍수가 때문이었다. 당시 풍수가를 따라다니다 풍수를 과학적으로 설명할 방법이 없을까 고민하며 공부에 매달렸다. 2001년 영남대 환경보건대학에 풍수 전공을 개설한 이후 본격적인 연구가 시작되었다. 주말이면 대학원생들과 전국의 묘소를 찾아다니며 묘 주인의 후손 수를 조사했다. 그동안 돌아본 묏자리만 1만 5천 곳에 이른다. 풍수의 기본법칙과 후손 숫자와의 상관성을 통계학적인 방법으로 해석한 책이 바로 《명당》이다.

이 책에서 탐사한 묘소는 재벌 10가문, 지역별 부자 12가문, 조선시대 대제학 본인과 그의 증조부모 묘소 30여 가문이다. 이 조사를 통해 조선시대 명문가와 현재 재벌의 흥망성쇠를 과학적으로 정리하였고, 부와 명예의 상관성을 찾아냈다. 40년 이상 공학을 연구한 교수가 미신으로 여겨지는 풍수를 연구한 이유가 무엇일까? 스스로 경계를 허물고 풍수를 과학으로 증명하려는 열정 때문이다. 이런 그의 노력 덕분에 과학의 영역은 더욱 넓어지고 풍수과학이라는 신과학이 탄생했다.

상어인가? 고래인가?

할머니와 손자가 TV로 동물 다큐멘터리를 보고 있었다. 마침 화면에 엄청나게 커다란 상어가 나오자 할머니가 깜짝 놀라서 말했다.
"저게 고래냐, 상어냐?"
그 순간 TV 속의 성우가 대답했다.
"저것은 고래상어입니다."
요즘은 고래상어처럼 정체를 알 수 없는 신종 직업군이 많이 생겨나고 있다. 고객 중에 공대를 나와서 판사를 하는 경우도 있다. 영역 간의 경계가 허물어지면서 옛날에는 상상할 수도 없었던 조합이 가능해진 것이다. 상어도 흔하고, 고래도 흔하지만 고래상어는 드물다. 전국에 약사도 수천 명, 변호사도 수천 명이겠지만, 약사이면서 변호사는 현재 불과 38명밖에 안 된다. 전국에서 의약품과 관련된 소송은 38명이 독점할 수 있는 것이다. 경계를 허물면 보이지 않았던 새로운 길들이 보이고 그 길이 더 멋진 인생을 만드는 지름길이 될 수도 있다.

생각의 벽을 넘어서

네모난 틀의 상하가 한계이고 좌우가 경계다. 틀을 벗어나려면 한계를 깨거나 경계를 허물어야 한다. 중요한 일들은 모두 한계와 경계 바깥에서 이루어진다. 세일즈에서도 기대 이상의 성과를 내려면 고정된 틀을 벗어나 자신의 세계를 넓혀야 한다. 할 수 없다고 생각하고 있는 것은 사실 노력하기 싫다고 변명하는 것이다. 한계를 깨고 벽을 허물어 새로운 것에 도전하면 세상에 불가능은 없다.

멀리 나는 비행기의 활주로는 길다

어느 95세 노인이 영어를 공부하자 누군가가 물었다.

"그 나이에 어디에 쓰시려고 영어공부를 시작하셨어요?"

그러자 노인이 대답했다.

"10년 후인 105세 때 후회하지 않기 위해서지."

— 자오무허, 《유유자적 100년》

생선 파는 대졸자

시장에서 40년 이상 생선을 팔아온 엄마와 대학을 나온 딸이 함께 생선 파는 것을 방송에서 본 적이 있다. 딸은 원래 서울에서 학원을 하고 있었다. 학원을 운영하면서 학생, 학부모, 강사들에게 시달리고, 수시로 바뀌는 교육정책에 휘둘리다 그만 두 손을 들고 만 것이다. 엄마와 같이 밥을 먹고 시장에서 엄마가 갖다 주는 생선만 팔면되니까 정말 행복하다고 했다. 과거에는 상상할 수 없었던 일이다.

생선을 파는 것이나 식당을 하는 것이나 몇 십 년의 노하우를 자녀에게 물려주는 것이 보편화되고 있다. 그래서 잘 되는 식당을 가보면 자녀들과 같이하는 경우가 많다. 대학공부도 그런 방향으로 한다. 부모가 식당을 하면 요리 관련 학과를, 아빠가 공장을 하면 기계공학을 공부하려는 경향이 있다. 이제 우리나라도 가업이 대세를 이루는 시대가 온 것이다. 한 세대를 넘어서 두 세대 이상을 내다보는 장기적인 관점에서 볼 때 바람직한 현상이라 할 수 있다.

내 인생 10년 후

나는 세일즈를 17년 동안 했지만 90세까지 하겠다고 결심했다. 앞으로 40년 가까이를 더 해야 하기 때문에 장래를 위해서는 5년, 10년을 더 투자할 수 있다. 그래서 최근 MBA를 졸업했다. 몇 년 전 어느 대학에서 한 학기 동안 세일즈 관련 강의를 해달라는 요청이 왔었는데 석사학위 소지가 기본 조건이었다. 별것 아닌 것 같았던 석사학위가 요긴할 때가 있다. 다들 그 나이에 돈 들여서 왜 공부를 하냐고들 했지만, 우리 아이들이 내 일을 물려받아서 할 수도 있다고 생각하면 앞으로 100년을 보고 투자할 수도 있다. 50세만 넘으면 은퇴를 생각하는 우리나라와 달리 해외에 가보면 80세 넘은 세일즈맨들도 흔하다.

멀리 보면 자신감을 가지고 가치 있는 세일즈를 할 수 있다. 하지만 바로 앞만 보면 조급해서 세일즈를 망치는 경우가 많다. 내 고객을 우리 아들이 관리할 수도 있다는 생각을 하면 성과 때문에 아무 고객이나 함부로 만들지 않는다. 장기적으로 고객의 미래를 상상하고 고객의 삶에 관심을 갖게 된다. 멀리 보고 고객의 이익을 우선하면 이렇게 말할 수 있다.

"어떤 것을 선택하더라도 큰 차이가 없으니, 가장 좋은 것을 빨리 선택해서 하루라도 더 활용하시는 것이 좋습니다. 고민할 시간을 고객님의 소중하고 의미 있는 삶에 투자하십시오. 친구를 만나거나, 가족들과 의미 있는 시간을 보내거나. 영화를 보거나 하면서요. 제가 이렇게 이야기하는 것은 상품 하나 파는 것에 관심이 있는 것이 아니라 고객님의 인생에 관심이 있기 때문입니다. 저에게 구입하면 저에게 도움이 되고 좋지만, 가장 중요한 것은 고객님과 고객님의 삶입니다."

반면, 당장 눈앞의 이익에만 관심이 있으면 이렇게 말하게 된다.

"제가 권해드리는 상품이 여러 가지 장점이 있고, 앞으로 제가 특별하게 서비스 해드리겠습니다. 정말 좋은 상품이니 지금 결정하시죠."

물론 전자가 고객에게도 나에게도 떳떳하고 오히려 강력한 클로징이 된다. 이렇게 자신 있게 말할 수 있는 힘은 장기적으로 생각하기 때문에 가능한 것이다.

바다와 같은 상사

가치를 높여야 할 때 일만 하면 안 된다. 직장 상사는 두 가지 부류로 나누어진다. 한 상사는 부하직원이 연수나 휴가를 가려 하면 부담을 주어 못 가게 하는 부류다.

"김 과장 이번에 연수를 받게 되었던데, 김 과장이 없으면 우리 부서 업무에 지장이 정말 많을 텐데 어떡하지? 하필이면 이렇게 중요한 시기에 연수가 나왔담. 김 과장이 중요한 업무를 많이 맡고 있어서 그래. 다음 기회에 가면 안 되겠나?"

"이번 주에 중요한 보고가 있는데 김 과장이 자료를 만들어야 마음이 놓이는데. 휴가 때문에 힘들겠지?"

김 과장은 아쉽기는 하지만, 자신이 중요한 사람으로 인정받고 있다는 생각에 희생을 감수해서 연수 기회는 다음으로 연기하고, 가족들에게 사정해서 휴가도 미뤘다. 그리고 그런 부장 밑에서 몇 년을 보낸다. 자기는 일을 잘하고 인정도 받고 있는 것으로 생각하고 있었는데, 동기들 중에서 혼자만 승진이 안 되었다. 그리고 가족들과 관계도 멀어졌다. 승진을 못한 이유는 승진시 필요한 필수 연수과정을 거치지 못했기 때문이다. 가족들과도 중요한 시기를 같이 보내지 않았기 때문에 제대로 된 추억도 만들지 못하였고, 그 사이에 아이들은 훌쩍 커버렸다. 지나고 나서 생각해보니 이용만 당했다는 배신감에 그 상사와 다시는 만나지 않겠다고 다짐한다. 그러나 안타깝게도 중요한 시기는 이미 다 지나버린 뒤다.

반면, 다른 상사는 연수나 휴가를 나서서 챙겨 주는 부류다.

"부서 걱정은 하지 말고 연수 다녀와. 기회가 항상 오는 것이 아니야. 그때를 놓치면 가기는 점점 힘들어져. 김 과장이 없으면 일이 좀 힘들기는 하겠지만, 이가 없으면 잇몸으로 살듯이 잘해 나갈거야. 그리고 김 과장이 없어봐야 고마운 줄도 알아."

"휴가도 남들 갈 때 가야 돼. 빨리 찾아 먹어. 몇 번 미루면 애들이 다 커서 나중에 같이 가자고 해도 안 가려고 해. 일은 갔다 와서 열심히 하면 되잖아."

'사랑은 떠나가는 사람을 붙잡는 것이 아니라 강물이 되어 돌아올 사람을 바다가 되어서 기다리는 것'이라는 말이 있다. 부하직원을 힘든 상황에서도 키워준 경우, 그 사람이 높은 자리에 가거나 퇴직하여도 사람들이 구름처럼 모여든다.

활주로를 닦아라

세일즈도 비전이 없이는 오래 할 수 없다. 나는 요즘 젊은 사람들, 특히 고객들의 자녀를 비롯한 학생들에게 시간과 노력을 많이 들인다. 세일즈를 오래 하려면 젊은 사람을 많이 고객으로 만들어야 한다. 미래에 투자한다는 것은 미래가 아주 긴 젊은 세대에 투자해야 된다는 의미다. 젊은 사람들과 공감하고, 도움을 줄 수 있는 것을 생각하고 노력을 기울인다. 그렇게 하면서 젊은 고객도 얻지만 덤으로 나도 젊어지는 것 같다. 젊어지려면 젊은 사람들과 어울리고 젊은 생각을 하는 것이 가장 좋은 방법이다. 그러기 위한 한 가지 방법으로 요즘은 학생들을 만나면 어떤 것이든 질문을 하라고 한다. 질문을 하면 내가 답을 하고, 그 답에 대하여 본인 의견을 적어보라고 한다. 이렇게 하면 '서론-본론-결론' 또는 '과거-현재-미래'의 순서로 질문, 답변, 의견이 체계적으로 정리될 것이다. 학생들과 소통하는데도 중요하고 반복되는 질문 몇 백 개를 모으면 책을 한 권 쓸 수도 있다. 뿐만 아니라 청소년들을 대상으로 강의를 할 수도 있다. 장기적으로 생각하다보니 얻게 된 좋은 결과이다.

장거리를 가는 비행기는 긴 활주로가 필요하다. 활주로가 길다는 것은 멀리 날기 위한 최소한의 조건이다.

날기 위해 앞을 보라

내가 생각하는 비전은 'vision'이 아니라 '飛前'이다. 즉 날기(飛) 전에(前) 가져야 하는 것이 비전이다. 비전을 가지려면 첫째, 멀리 봐야 한다. 큰 비행기가 안전하게 이륙하기 위해서는 활주로가 길어야 한다. 둘째, 강력한 확신이 있어야 한다. 비행기가 이륙할 때 올라간다는 확신을 갖고 이륙레버를 힘차게 잡아당겨야지 우물쭈물하면 추락한다. 마지막으로 이륙 시에는 10배 이상의 순간 에너지가 필요하다. 세일즈맨도 '미친 것 아냐? 저렇게까지 해야 하나?'라는 말을 들을 정도로 에너지를 집중할 때 비로소 필요한 것을 얻게 되거나, 안정적인 궤도에 진입할 수 있다.

인생의 핸들을 잡아라

최고의 스승을 만나서 최고의 가르침을 받더라도 자신만의 스타일을 가
지지 않으면 진정한 고수가 될 수 없다. 아니다 싶으면 과감하게 자신만
의 길을 가라. 시키는 대로만 해서는 절대로 최고가 될 수 없다.

　　　　　　　　　　　　　　　　　　　　－ 조훈현 9단, 《고수의 생각법》

죽을 때 후회하는 5가지

　한 호주여성이 다니던 은행을 그만두고 영국으로 여행을 떠났다.
영국에 머무는 동안 생활비를 위해서 노인 간호를 했는데, 워낙 일을
잘했는지 죽음을 눈앞에 둔 노인들이 평생을 살면서 후회되는 일들
을 그녀에게 이야기했다. 그녀는 노인들로부터 들은 이야기를 노트에
정리하다가 문득 대부분의 내용이 비슷하다는 사실을 깨달았다. 그
리고 공통적으로 가장 많이 나온 5가지와 그것과 관련된 에피소드
를 엮어서 출판했다. 그 책의 제목은《죽을 때 후회하는 5가지》이다.

그 책에 나온 5가지는 다음과 같다.

- 난 내 자신에게 정직하지 못했다.
- 너무 일에만 몰두할 필요가 없었다.
- 내 감정을 제대로 표현하지 못하고 살았다.
- 친구들과 연락하며 살았어야 했다.
- 결국 행복은 내 선택이었다.

결국 위 내용을 한마디로 요약해 보자면, 자신의 인생을 주체성 있게 살지 못한 것에 대한 후회라고 할 수 있다.

인생의 주인이자 주인공이 되라

한 30대 중반의 미혼 남자가 실컷 상담을 하고 나서 계약서에 서명할 때가 되자, 부모님과 상의한 후에 결정하겠다며 한 발 물러섰다. 그래서 나는 다음과 같이 물었다.

"영화 슈퍼맨의 주인공은 누구일까요?"

"슈퍼맨이요."

"그럼 그 영화의 주인은 누구일까요?"

"제작사인가요?"

"네, 맞습니다. 제작사가 어떤 영화를 만들 것인지, 그리고 누구에게 슈퍼맨 역할을 맡길지 결정하겠죠? 김 대리님은 인생의 주인공으로 살고 싶으세요? 주인으로 살고 싶으세요?"

"글쎄요, 전 둘 다 좋은데요."

"그런데 고객님의 부모님은 고객님이 언제부터 그런 삶을 살았으면 하실까요? 스스로 지금 결정할 수 있나요?"

"그래야겠네요."

요즘 젊은 친구들을 만나보면 자신의 주관대로 주도적으로 사는 친구들도 있지만, 자신의 생각대로 결정하지 못하고 부모의 지시나 결정에 순응하며 사는 친구들이 많다. 대리기사에게 인생의 핸들을 내어주고 대리인생을 살고 있는 셈이다. 부모도 마찬가지다. 다른 젊은이들에게는 주인공이면서 주인처럼 살아야 한다고 말하면서도 정작 자신의 아이에게는 주인 역할을 하는 경우가 많다.

2015년 하와이 회사 컨벤션에서
슈퍼맨을 사이에 두고 아들과 함께

버킷리스트 효과

1985년도에 코넬대 철학과 2학년 학생 32명이 각자 버킷리스트를 작성했다. 학업, 봉사, 도전 등 다양한 항목에 대해 진지하고 적극적으로 작성한 학생은 17명이었고, 무성의하고 소극적으로 작성한 학생은 15명이었다. 그 후 15년이란 세월이 흘러 그들은 38세가 되었는데 그 결과가 매우 놀라웠다.

적극적으로 작성한 17명은 성공한 18명 안에 모두 포함되었고, 90%에 해당되는 사람들이 만족스런 삶을 살면서, 이혼 경험이 전혀 없었으며, 버킷리스트를 다시 작성해달라고 요청하니 신속하게 다시 작성해주었다. 그러나 소극적이었던 15명의 결과는 비참했다. 3명이 자살을 시도했고, 1명은 자살했으며, 결혼에 실패한 사람이 많고, 교도소 수감자도 있었고, 대부분 무능력하게 삶을 꾸려나가고 있었다. 그리고 80%가 버킷리스트 작성을 기억하지 못했고, 재작성을 요청했을 때도 부정적이었다. 주체성을 가지고 얼마나 적극적으로 임하느냐에 따라 인생이 어떻게 진행될지 정해진다.

인생을 핸들링하라

지방의 모 아파트에서 50대 주부가 쌍꺼풀 수술이 잘못됐다고 비관해서 자살한 사건이 있었다. 쌍꺼풀 수술이 마음에 들지 않아 몇 차례 더 수술을 받았으나 결국 마음에 들지 않아 "예쁜 마누라 만나 잘 살라"는 유서를 남기고 세상을 떠났다고 한다.

반면 《지선아 사랑해》의 작가 이지선은 오빠의 차로 귀가하던 중 음주 운전자가 낸 7중 추돌사고로 전신 55%에 3도의 중화상을 입었다. 살 가망이 없다며 의료진도 치료를 포기한 상황이었지만, 이지선 작가는 7개월간의 입원, 30번이 넘는 고통스런 수술과 재활치료를 이겨냈고, 코와 이마와 볼에서 새살이 돋아나는 기적을 경험한다.
살아남는 것이 죽는 것보다 힘들었던 그녀였기에, 어느 정도 건강을 되찾은 후부터는 하루도 허투루 보내지 않고 열심히 바쁘게 살고 있다. 사람들이 자신을 보는 것은 화상 입은 얼굴 때문이 아니라 자신이 연예인이기 때문이라고 자기주문을 외운다고 한다.

인생의 핸들이 제멋대로 흔들리는 사람은 사소한 충격도 이겨내지 못한다. 이지선 작가처럼 자신의 핸들을 확실하게 붙잡고 있는 사람은 큰 돌이 충격을 주어도 잠깐 움찔할 뿐 자신의 길을 그대로 간다.

모든 사람을 움직여라

강연가 김창옥은 이렇게 말한다.
"삶의 핸들이 움직이지 않을땐 기름을 채워라. 자신의 엔진에 맞는 기름을 채워야 불완전 연소로 인한 매연이 발생하지 않는다."

한번뿐인 인생의 핸들을 자유자재로 움직일 수 있게 각자의 특성에 맞는 에너지를 충전시켜야 한다. 또한 자신의 의사를 적극적으로 표현해야 한다. 몸을 움직일 수 없을 정도로 만원인 지하철에서 아가씨의 "내려요!" 하는 한 마디에 모든 사람들이 움직인다. 오늘도 세상은 당신의 외침을 기다리고 있다.

직장입니까? 직업입니다!

콜린 파월의 첫 직업은 음료수 공장의 바닥을 걸레질 하는 일이었다. 그는 어디에서도 찾아볼 수 없는 최고의 물걸레질 선수가 되기로 마음먹었다. 군대에서도 같은 태도로 임했고, 결국 많은 훈장을 받은 존경스러운 합참의장으로 제대했다. 이후 미국 국무장관직을 훌륭히 수행했다.

— 지그 지글러, 미국 동기부여가

직장인과 직업인

식당에서 일을 하는 두 명의 종업원이 있었다. 그 중 한 명은 손님이 있거나 없거나 쉴 새 없이 움직였다. 손님이 없을 때 스마트폰을 보거나 어슬렁거리는 대신 신발장을 닦고, 반찬과 수저통을 채워두고, 그릇을 정리하다보니 시간 가는 줄 몰랐다. 반면 다른 종업원은 하루가 너무 길게 느껴졌다. 손님이 많으면 바빠서 신경질이 나고, 손님이 없으면 지루해서 짜증이 났다. 몇 십 년이 지난 후 한 명의 종업원은 여전히 종업원으로 일하고, 또 다른 종업원은 설렁탕집 사장이 되었다. 같은 일을 수행했지만 직장인의 자세로 하느냐, 직업정신으로 하느냐에 따라 결과는 엄청나게 달라진다.

나는 직장에서 일하는가? 내가 하는 일을 업으로 생각하며 직업으로서의 일을 하는가? 나에게 있어 과거 은행이 직장이었다면, 지금 하는 세일즈는 직업이다. 직장은 돈을 받기 위해 본인의 가치를 소비하는 곳이지만, 직업은 돈을 벌기 위해 자신의 가치를 채워나가는 곳이다.

시작 단계에서는 직장과 직업이 큰 차이가 없지만, 시간이 지날수록 그 차이는 점점 커진다. 커피숍에서 시간당 5천 원을 받기 위해서 일하는 사람은 근무시간이 끝나면 칼같이 퇴근하고 손님이 올 때만 일한다. 하지만 앞으로 '내가 이런 커피숍을 운영한다면 어떻게 해야 할까?'를 고민하면서 일하는 사람은 오는 손님에게 늘 관심을 갖고, 손님이 없으면 끊임없이 다른 일을 찾는다. 그러다 보니 끝날 시간이 지났는지도 모르게 일을 한다. 5천 원을 받기 위해 일하는 사람은 부속품에 불과하다. 그러나 직업정신으로 일하는 사람은 다른 사람으로 대체할 수가 없다. 그것이 곧 남들과 차별화되는 브랜드이며, 남과 비교될 수 없는 자신만의 가치이다.

회사를 고용하라

직장인과 직업인을 구분하는 기준은 어디서 일을 하느냐의 장소 문제가 아니라 고용되느냐, 고용하느냐의 마인드 문제이다. 회사원 생활을 하면서도 회사를 고용했다고 생각하는 사람은 회사를 바라보는 관점이 다르다. 월급을 받으면서 인맥을 쌓고, 주어지는 업무에 따라 능력을 키우고, 회사를 인간관계를 실험하는 장소로 활용한다. 남들과는 시작부터 차원이 다르다. 일개 직원이지만 마인드는 사장과 다를 바가 없는 것이다.

한동안 회사 내에서 활동하는 사회공헌위원회의 위원장을 맡은 적이 있다. 누군가 주도적으로 방향을 제시하고 시키는 사람도 없어서 오합지졸이 될 것 같은데 신기하게도 잘 돌아갔다. 그곳에 모인 사람들은 사회공헌 조직을 자기가 고용한 주인으로서 주체적으로 행동하는 사람들이었다. 시키는 일이 있어도 자신의 일처럼 하고, 시키지 않아도 찾아서 하니 일이 잘 돌아갈 수밖에.

직장이 사라진다

이정문 화백이 1965년 그린 '서기 2000년대 생활의 이모저모'라는 그림에서 태양열 집, 움직이는 도로(에스컬레이터), 소형TV 전화기(스마트폰), 전파신문(아이패드), 원격진료, 전기자동차, 청소로봇 등이 등장한다. 그 중 달나라 수학여행만 빼고는 오늘날 대부분 실현되었다. 모든 것이 자동화되면서 일자리가 사라지고 있는 현실을 놀랍도록 정확하게 예언하고 있다.

한 20대 후반인 여성 고객이 5년 이상 만난 남자친구에게 이렇게 얘기를 했다고 한다.

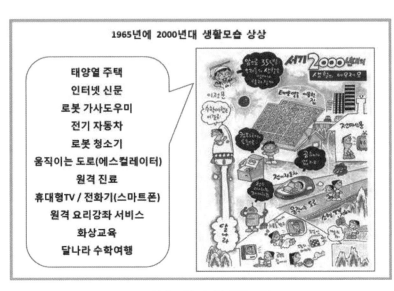

1965년에 그린 이정문 화백 그림

"나 직장을 그만둘까 하는데."

"왜? 잘 다니고 있는데 무슨 일 있어?"

"아니 특별한 일은 없어. 다만 전문직을 더 선호하니까 지금이라도 회계사를 공부하려고."

"회계사? 그건 안 돼. 며칠 전 TV에서 미래에 사라질 직업에 회계사가 포함되어 있었거든. 왜 하필 없어질 직업을 위해서 불안하게 회사를 그만두려고 해?"

"직업이 그렇게 쉽게 사라지는 것이 아니야. 방송에서 얘기한다고 100% 믿으면 안 돼."

그렇게 시작된 대화는 집으로 돌아가기 전까지 끝나지 않았고, 데이트하며 즐거운 시간을 보내려던 두 사람의 계획은 수포로 돌아갔다고 한다.

얼마 전 KBS에서 방영된 〈명견만리 - 일자리가 사라진다〉 편에서 20년 이내 현재 직업의 47% 사라진다는 놀라운 결과를 발표했다. 각 직업별로 임금, 학력, 컴퓨터 자동화가 진행되는 속도 등을 종합해 일자리가 컴퓨터로 대체될 확률을 분석한 자료라고 한다. 사라지는 직업에는 교사, 요리사, 부동산 중개인, 보험업자, 관광 가이드를 비롯하여 의사, 변호사, 약사, 회계사 등 현재 가장 선호하는 전문직 직업군도 대다수 포함돼 있다.

하지만 모든 직업이 사라지는 것은 아니다. 90% 사라진다고 해도 기계로 대체될 수 없는 인간적인 10%는 반드시 생존하게 된다. 그러나 아무리 전문직이라도 기계가 대신할 수 있는 일을 하는 사람은 도태될 수밖에 없다. 기계로 대체될 수 있는 것은 직장이고 대체될 수 없는 것은 직업이다. 따라서 하루라도 빨리 직장인으로 살아갈 것인지 아니면 직업인으로 살아갈 것인지 결단을 내려야 한다.

두 개의 문

한 중년 샐러리맨이 늘 빠듯한 월급에 얽매여 살아가는 것에 지쳐서 어느 날 '직장'이 아닌 '직업'을 찾겠다고 어떤 사람을 찾아갔다. 사무실에 들어서니 비서 대신 두 개의 문이 맞이했다. 한쪽 문에는 '피고용자', 다른 문에는 '독립사업자'라고 쓰여 있었다. 남자는 사업을 하는 것이 두려워서 '피고용자' 문을 열고 들어갔다. 그러자 또 다

시 두 개의 문이 눈앞에 나타났다. '1억 원 이상' 그리고 '1억 원 미만'
이라고 적힌 문이었다. 남자는 두려운 마음에 '1억 원 미만' 문을 열
었다. 그러자 이번에도 두 개의 문이 나타났다. 남자는 '정해진 일'과
'알아서 하는 일' 중에서 습관적으로 '정해진 일'을 선택했다. 그런데
뭔가 이상했다. 바뀐 것은 전혀 없고 모든 환경이 너무나 익숙하고
자연스러웠다. 그 곳은 처음 들어갔던 곳이었다. 어처구니없게도 제
자리로 돌아온 것이다. 인간의 행동에도 관성이 존재한다. 익숙한 '직
장인 마인드'에서 낯선 '직업인 마인드'로 바꾸는 것은 생각만큼 쉽지
않다. 그러나 어렵기 때문에 그만큼 가치가 있다.

천직은 만들어진다

20대 - 들어갈 직장이 없네!

30대 - 직장이 나에게 안 맞네! 어디 좋은 직장 없나?

40대 - 직장에 이용만 당하고 날 지켜줄 것 같지 않아. 불안해!

50대 - 제발 몇 년만 더 다녔으면…

60대 - 오래는 다녔지만 남은 것이 없네!

요즘 직장인을 연령대별로 구분하여 풍자한 글이다. 아무 직장이
나 들어가서 시키는 일만 하며 생각 없이 살다보면 이런 인생을 살게
된다. 반대로 '내가 마음만 먹으면 어디든 들어갈 수 있다. 회사가 나
에게 기회를 준 것이 아니라 내가 회사에게 나를 채용할 기회를 준

것이다. 회사를 다니고 안 다니고는 내가 결정한다. 내가 이 회사를 다니는 것은 이 회사와 일을 좋아하기 때문이다'고 생각해야 회사도 좋고 나도 좋다. 회사를 나의 가치를 실현하고 높이는 곳이라고 생각하고 노력하면 그 곳이 곧 천직이 된다.

직장 / 직업 / 업

구분	직장	직업	취미처럼 평생하는 일 (업)
정 의	일하는 장소	자신의 전문적 기술로 돈을 벌 수 있는 일	
나를 보호	회사 / 상사	나	✓ 의사 → 아픈 사람을 치료해주는 일
연 애	사귀는 것	결혼하는 것	✓ 축구선수 → 운동하는 것
저 축	통장개설	저축하는 것	✓ 세일즈맨 → 파는 일
일하는 동기	돈 받기 위해	돈 벌기 위해	✓ 병원 간호사 → 케어하는 일
나의 가치	빼먹는 것	채우는 것	✓ 교사 → 가치를 높여주는 일
편의점 알바	시간당 얼마	내가 운영한다면	✓ 금융 → 돈이 잘 흐르게 하는 일
호 칭	차장 / 지점장	달인 / 명장	
인정받는 범위	일하는 장소에서만	어느 곳에서나	

내가 찾는 것은 직장인가? 직업인가? "업"인가?

아들에게 설명하기 위해 만든 직장과 직업 비교표
결국 삶을 치료하는 간호사를 선택해서 행복해 하고 있다.

메신저가 되라

대부분의 사람들은 자신의 인생과 경험을 과소평가하는 경향이 있다.
자신의 경험 속에서 깨달은 바가 있으면서도 그것이 다른 사람들에게
큰 도움이 될 수 있을 거라고는 생각하지 못한다.

– 브랜든 버처드, 《메신저가 되라》

최초의 메신저

메신저란 자기가 가진 경험과 지식을 메시지로 만들어 다른 이들
에게 전달하는 사람을 말한다. TV에 자주 나오는 김미경 원장이나
김창옥 대표 등 스타 강사들도 모두 메신저라고 할 수 있다.

메신저는 강연하고, 저술한다. 그런 의미에서 최초의 메신저들은
예수, 석가모니, 공자와 같은 성인(聖人)들이라 할 수 있다. 예수는 온
나라를 돌며 강연을 통해 자신의 메시지를 전파했다. 성전이건 들판
이건, 산 위건 장소를 가리지 않았다. 또한 예수가 남긴 말은 성경으

로 만들어져 그를 대신하여 전 세계를 돌아다니며 지금 이 순간에도 복음을 전파하고 있다. 석가모니나 공자도 예수와 마찬가지로 강연하고 저술하는 삶을 살았다. 메신저가 된다는 것은 곧 성인들이 가졌던 직업을 가지는 것이나 다름없다.

정보를 공유하라

메신저의 첫 번째 역할은 강연이다. 세일즈 시작 후 초기 5년은 나도 다른 선배들의 강의를 많이 들었다. 지금은 강의를 듣기도 하지만 오히려 내가 강의를 더 많이 하고 있다. '내가 선배들에게 받은 만큼 후배들에게 돌려주고 싶다'는 마인드로 생활하다보니 나 자신도 많이 성장할 수 있었다. 콩나물은 물을 받아서 내려주면서 자란다. 나도 선배들에게 받은 것을 잘 정리해서 넘겨줬을 뿐인데 정작 성장한 것은 나 자신이었다.

메신저를 하면서 가장 기뻤던 순간은 절망적인 상황에서 내 강의를 듣고 삶의 희망을 찾았다는 후배의 메일을 받았을 때였다. 내가 생각하기엔 평범한 메시지가 누군가에게는 든든한 삶의 끈이 된 것이다. 그 중 매주 3시간씩 10회 강의를 듣고 난 후 한 후배가 이런 메시지를 보내왔다.

"선배님의 세션이 끝난 후 마음 깊은 곳으로부터 열정이 하나씩 자라나고 있습니다. 저도 선배님처럼 누군가에게 나눠주는 사람이 되겠습니다. 늘 건강하십시오."

초기에는 회사 내에서만 메신저 역할을 고집했으나 지금은 구분하지 않는다. 나를 필요로 하는 곳이라면 어디든 달려갈 준비가 되어있다. 다른 회사의 세일즈맨이 벤치마킹해도 상관없다. 나도 다른 회사의 메신저로부터 많은 것을 얻고 있고, 회사는 다르지만 우리는 모두 같은 목표를 향해 달려가는 동료이기 때문이다.

후배 동료들을 위해 세일즈 노하우를 전하는 강의 모습

박사 위에 도사

내가 할 수 있는 메신저의 또 다른 역할은 책을 써서 저자로 활동하는 것이다. 책을 쓰는 행위는 강의를 듣고 책을 읽어서 얻은 정보를 내 것으로 재창조하는 행위이다. 어떤 것을 정리할 수 있다는 것은 새롭게 출발할 수 있는 준비과정이라고 볼 수 있다. 많은 책을 읽고 공부한 최고의 단계를 '박사'라고 한다면 새로운 도서를 만들어

내는 사람은 '도사'다. 도사는 박사 위에 있다. 독자와 저자는 인식의 차원이 다르다. 독자로서는 하루에 책 한 권 읽기도 힘들지만, 저자로서는 하루에 10권도 읽을 수 있다. '책을 쓰겠다'는 목표가 명확하기 때문에 필요한 부분만 발췌해서 읽는다. 말을 하는 것과 달리 글은 고정된 활자로 남겨지기 때문에 더욱 막중한 책임이 따른다. 하지만 어려운 만큼 인식의 차원을 한 단계 높일 수 있는 계기가 된다.

힘든 길일수록 가치 있다

앞뒤가 잘 보이고, 무리 지어가는 길에서는 굳이 메신저가 필요하지 않다. 그러나 험준한 산악이나 사막에서는 앞사람을 놓치면 엄청난 어려움을 겪거나 레이스를 포기해야 한다. 인생에서도 쉬운 길은 많은 사람들이 무리지어 가지만, 어렵고 험한 길은 앞서가는 사람들이 없기 때문에 한사람을 만나더라도 실질적인 도움이 된다.

기왕에 메신저가 되려면 힘든 곳에서 하는 것이 더 가치가 있다. 북한산 산악마라톤에 참가했을 때는 참가자도 적고 샛길이 유난히 많아서 어려웠다. 하지만 내가 어렵게 다시 길을 찾고 뛸 때 내 등을 보고 따라오는 사람이 있어서 레이스를 포기할 수가 없었다. 뒤따라오는 사람을 위해서 더 힘을 내서 뛰었는데 오히려 그 사람 덕분에 내가 완주할 수 있는 힘을 얻을 수 있었다.

메신저의 힘

나는 후배들이 찾아오면 내가 최근 성공했던 경험이나 지금 구상하고 있는 생각을 말해준다. 바쁘고 힘든데 일부러 시간을 내서 찾아올 때는 대부분 답답함을 해결하고 싶다는 간절함을 안고 온다. 그래서 나는 후배의 고민을 진지하게 듣고 나의 정보를 아낌없이 전해준다. 이것이 오랜 기간 반복되다 보니까 고객을 만나는 숫자보다 동료들을 만나는 횟수가 더 많아졌다. 그 과정에서 나 역시 후배들로부터 새로운 정보를 얻고 성장한다. 메신저는 다른 누구보다도 자기 자신을 성장시킨다. 어쩌면 예수, 석가, 공자는 성인이 메신저가 된 것이 아니라 메신저가 되었기에 성인이 되었는지도 모른다.

당신의 가격표는 얼마입니까

크게 생각하고, 크게 행동하고, 크게 꿈꾸어라. 5달러짜리 보통 철 조각
이 말발굽으로 바뀌면 10달러가 되고 못으로 바뀌면 3천 달러가 된다.
그러나 시계의 부속품이 되면 자그마치 25만 달러로 가치가 뛰어 오른
다. 이는 당신에게도 적용된다.

– 콘라드 힐튼, 힐튼 호텔 창립자

죽어도 못 나간다

"내가 회사에 기여한 것이 얼마나 많은데 나를 이렇게 대접할 수
있어요? 아이들에게 한창 돈 들어 갈 나이에 내쫓으면 어디 가서 뭘
해먹으라고 그러는 거요. 난 죽어도 한 발자국도 못나가요."

회사가 어려워져서 구조조정을 하게 되면 한두 명씩은 이런 식으
로 버티는 경우가 있다. 사정은 이해하지만 어쩔 수 없는 일이다. 너
무 불쌍하고 안타깝지만. 이 회사가 아니면 자신의 가치를 인정해줄
곳이 없다는 것이다. 은행에서 구조조정을 해도 본인이 동의하지 않

으면 강제적으로 내보낼 방법이 없다. 버티면 근무는 할 수 있지만 본인도, 조직도 힘들다. 본인의 가치를 인정받지 못하면 세상에 발을 붙일 수 없다. 회사를 그만두고도 몇 년간 집에 숨기고 출근하는 것처럼 하는 경우도 있다. 이런 일을 겪지 않으려면 자신의 가치를 높이는 일에 목숨을 걸어야 한다.

'일할 곳이 없는 나를 내보내는 것은 죽으라는 것이다'라는 절박한 플래카드

미쳐야 미친다

사람들은 어렵게 얻은 가치에 대해서는 기꺼이 대가를 지불하고 싶어 한다. 내가 청소년 캠프의 단골 초청인사가 된 이유는 사하라 사막마라톤을 완주하고, 히말라야 4,000m가 넘는 곳에서 1%의 가능성에 도전했기 때문이다. 요즘 아이들은 성공확률이 50%라도 실

패가 두려워서 잘 시도하지 않는데, 1%에 도전하는 것은 미친 짓이라고 생각한다. 역설적이게도 내 강의가 인기 있는 이유는 내가 미친 짓을 하며 살아왔기 때문이다. 아무나 할 수 있는 평범한 이야기를 듣고 싶어 하는 사람은 없다. 개가 사람을 문 것은 뉴스거리가 못 되지만 사람이 개를 문 것은 해외 토픽감이다.

누군가 나를 찾는다는 것은 그만큼 내가 가치가 있다는 뜻이다. 나는 맨몸으로 가볍게 히말라야에 오르는 것보다 색소폰을 메고 올라가는 것이 훨씬 쉽다. 베이스캠프에서 아리랑을 연주하는 설렘이 나를 끌어당기고 있기 때문이다. 다녀와서 눈망울이 초롱초롱한 학생들과 그 경험을 나누는 장면을 상상하면 마냥 즐겁고 행복하다. 미친듯이 도전하며 자신의 가치를 높이는 것은 세상을 힘들게 사는 것이 아니라 가장 편하게 사는 방법이다.

자신의 가격표를 중간 정산하라

10년 이상을 근무하고도 회사를 떠날 때 남는 것이 없다고 말한 동료가 있다. 돈이나 승진만을 위해서 사는 것은 자기의 가치를 인출해서 돈과 승진을 구입하는 것과 같다. 그렇게 10년을 살면 더 이상 빼낼 것이 없는 텅 빈 쭉정이만 남는다. 또 어떤 동료는 지금까지 정신없이 살았는데 남는 것은 자식밖에 없다고도 말한다. 자식만을 위해서 자신의 모든 인생을 바쳤기 때문에 정작 회사에서 자신의 가격표는 0원이다.

　매달은 아니더라도, 매년 회사에서 자신의 위치와 가치를 정산해 봐야 한다. 그렇게 해야 회사와 나의 관계도 좋아지고, 나의 가치도 올라간다. 당신은 지금 언제 떠나더라도 독립할 수 있는 가치를 지니고 있는가? 내가 지금 하고 있는 일이 가치가 있어서 해야지, 다른 일을 할 수 없어서 붙어있는 것이라면 아무런 보람과 자부심을 느낄 수 없다.

가치 》 가격

　내가 관심 있는 것은 가격이 아니라 가치이다. 내가 은행원으로 근무한 12년의 시간과 세일즈맨으로 일한 17년의 시간을 비교해 보면 나의 가치를 높이는 데 기여한 것은 세일즈맨으로서 살아온 시간이었다. 그 기간은 돈을 모으기보다 나에게 투자하는 데 집중한 기간이었다. 은행원으로 있었으면 돈은 더 모을 수 있었을지 몰라도 나의 가치를 깎아먹는 삶을 살았을 것이다. 지금까지 나의 가치를 높이는 데 17년을 투자했기 때문에 앞으로 나의 가격표가 올라가는 것은 시간문제다. 은행에서 하는 일은 대부분은 관리업무이기 때문에 언제든 다른 사람으로 대체될 수 있다. 하지만 세일즈는 내가 경험하고 움직이는 것이 곧 나의 가치로 연결된다. 내년에 남극에 다녀오면 그 이야기를 강의로 할 수도 있고, 책으로 쓸 수도 있다. 학생들과 질문의 형식으로 상담한 사례도 체계적으로 잘 정리하면 돈을 주고 들을 가치있는 이야기로 변한다. 노는 것도, 일하는 것도 적당히 하지 않고 제대로 하면 자신의 가치 상승으로 이어진다.

알맹이가 이긴다

제대로 된 실력은 계급장이나 직함을 떼고 겨뤄보아야 알 수 있다. 겉포장을 벗겨내고 속에 있는 알맹이로 평가를 받아야 한다. 그래서 나는 명함에 복잡하게 적혀 있는 각종 이력을 지웠다. 회사 내에서 인정받는 가치보다 고객이나 외부로부터 어떻게 평가받을 지가 중요하다. 그렇게 평가받은 가치가 진정한 가치이고 오래 지속될 수 있다. 가치는 노력해야 주어진다. 가만히 있으면 현재의 가치도 유지되기 힘들다.

국제공인재무관리사라는 자격증은 공부할 양이 많아서 일과 공부를 병행하기가 정말 힘들다. 그래서 취득만 하면 그 자체로 동료들의 인정을 받는다. 하지만 정작 고객들은 자격증의 중요성과 가치를 아무리 설명해도 별 관심이 없다. 고객들이 관심 있는 것은 자격증이 아니라 오직 담당 세일즈맨이 자기에게 얼마나 진실 되게 도움을 주는가이다. 고객과의 관계가 알맹이고, 자격증은 껍데기에 불과하다. 결국은 알맹이가 이긴다.

책임감은 몸값에 비례한다

"고객님에게 10억 원의 부채가 있는 것 알고 계세요?"

이렇게 이야기하면 대개의 고객들은 깜짝 놀란다.

"나는 대출금 1억 5천만 원밖에 없는데 10억이라니 그게 무슨 소리죠?"

"고객님의 연봉을 5천만 원으로 잡고 앞으로 20년 정도 일한다고 보면 약 10억 원을 버실 수 있습니다. 그런데 그 10억 원은 이미 쓴 것이나 다름없습니다."

"어떻게 벌지도 않은 돈을 이미 쓸 수가 있죠?"

"생활비, 교육비, 노후자금, 병원비, 은행 대출금의 예상액을 합치면 10억 원이 됩니다. 앞으로 버실 수 있는 수입의 합이 고객님의 몸값인데, 보통 몸값 수준에 모든 지출이 맞춰집니다. 그래서 몸값과 지출 예상액을 자세히 따져서 더해보면 대부분 일치합니다."

그제서야 고객은 고개를 끄덕인다. 사람들은 몸값만큼 책임감도 느끼게 되어 있다. 부채라고 표현하니까 부정적으로 생각될지 몰라도 이런 부채라면 늘리고 자랑스러워 해야 한다. 회사도 종업원을 늘리면 월급이라는 부채를 떠안는다. 그러나 그것은 회사가 그만큼 많은 사람을 먹여 살릴 수 있는 가치 있는 회사로 성장했다는 의미이기 때문에 오히려 좋은 일이다.

구겨져도 돈은 돈이다

오만원권 지폐가 길에 버려지면 구겨진 것이든, 오물이 묻어있든 보는 사람이 주워간다. 반면 휴지는 발로 차고 갈 수는 있어도 아무도 관심을 갖지 않는다. 나라는 존재도 마찬가지다. 오만원권처럼 대접받고 싶은가? 아니면 버려진 휴지처럼 대접받고 싶은가? 가치를 채우는 삶은 미래지향적으로 도전하는 삶이다. 그런 삶은 어떤 일이든 어떤 상황이든 주도적으로 헤쳐 나갈 수 있다.

5장

이기적인 세일즈가 답이다

나만의 과녁을 쏜다

위기의 절반은 기회다

과거를 놓아야 미래를 잡는다

지고도 웃는 세일즈 비법

유머로 반전하라

우문현답으로 적자생존하라

커피 한 잔도 샤넬처럼 팔아라

윗자리까지 봐주는 종신서비스

나만의 과녁을 쏜다

두려움은 직시하면 그뿐. 바람은 계산하는 것이 아니라 극복하는 것이다.

— 영화 〈최종병기 활〉

무엇이 보이느냐?

두 제자가 스승으로부터 활쏘기를 배우고 있었다.

한 제자가 먼저 시위를 당겨 과녁을 조준했다. 스승이 물었다.

"지금 무엇이 보이느냐?"

"과녁이 있고, 그 주변에 소나무들이 보입니다."

그러자 스승은 활을 당장 내려놓으라고 소리쳤다.

또 다른 제자가 시위를 당겼다.

"지금 무엇이 보이느냐?"

"까만 점 하나가 보입니다."

그러자 스승은 고개를 끄덕였고, 한껏 당긴 시위에서 떠난 화살은 과녁의 한가운데에 정확히 꽂혔다.

스승이 말했다.

"활을 쏠 때 가장 중요한 것은 집중이다. 오직 과녁의 중심에만 모든 정신을 모아야 하는 법이다."

명중시켜야 할 목표가 결정되었는가? 그렇다면 모든 삶의 초점은 그 한 점에 맞춰져야 한다. 돋보기로 빛을 한 곳에 모으면 종이에 불이 일듯, 우리의 정신적 신체적 에너지를 한 곳에 집중하면 불가능해 보이는 일도 이룰 수 있다. 살다보면 초점을 분산시키는 것이 너무 많다. 삶이 복잡하고 힘들수록, 선택하고 집중해야 한다.

2010년 5월 30일 이순신 장군이 활쏘던 한산도 제승당에서.
활개를 쫙 펴고 힘껏 시위를 당겼다.

황학정과 제승당

내가 국궁을 연습하는 곳은 우리나라 국궁 1번지라고 하는 '황학정'이다. 옛날 고종황제가 활을 내던 곳인데 종로구 사직공원 뒤쪽에 있다. 우리나라 대표적인 국궁장이다 보니 행사도 많이 열리고 외국인들이 많다. 그 중에 프랑스 대사관에 근무하던 30대 총각을 만났다. 임기가 끝나고 본국으로 발령이 났는데도 한국이 좋아서 귀국하지 않았다고 한다.

"한국의 무엇이 그렇게 좋아요?"

"봄과 가을 날씨가 좋아요. 특히 좋은 것은 저녁 늦게나 새벽에 집밖으로 나와도 무엇이든 먹을 수 있다는 점이에요. 파리에서는 저녁에 어두워지면 대부분 상점이 문을 닫아서 마음대로 먹을 수도 없거든요. 활도 한국에서 살고 싶어서 한국적인 것을 찾다가 만난 거예요"

홍어까지 먹을 줄 안다고 한번 먹으러 가자고 했는데 같이 한번 가주지 못해 미안했다. 활은 아무 때나 혼자 가서 내고 싶은 만큼 편하게 낼 수 있어서 좋다. 가끔 버스를 대절해서 한산도에 이순신 장군이 활을 쏘던 제승당으로 활을 내러 갈 때도 있다. 제승당은 골프에 비유하면 아일랜드 홀에 해당한다. 활 내는 사대와 과녁 사이에 바다가 들어와 있다. 활이 은빛 바다 물결을 가로질러 과녁에 맞을 때의 느낌은 정말 환상적이다.

두려움을 직시하라

활터는 전국에 300곳이 넘는다. 대부분 경관이 좋은 곳에 자리하고 있어서 매일 한 곳씩 활을 내러 다녀도 1년 내내 전국을 돌아다닐 수 있다. 마음을 비우고 정신을 집중시키는 데 활만큼 좋은 것은 없다. 우리는 삶이나 세일즈에서 항상 선택의 문제에 봉착하게 되는데, 일단 한번 선택했으면 한눈 팔지 말고 집중하는 것이 필요하다. 나는 활을 내면서 선택하고 집중하는 것을 배울 수 있었다. 짧은 시간에 핵심을 전달하기 위해서는 집중력만큼 중요한 것이 없다. 선택과 집중은 세일즈 성과를 올려주고 고객과 세일즈맨의 시간적 여유를 만들어준다. 한편 활은 마음을 비우지 않으면 명중시키기가 힘들다. 그래서 국궁장에서는 활을 '쏜다'는 표현보다 활을 '낸다' 라는 표현을 쓴다. 쏘는 것은 살생의 의미가 담겨 있지만, 낸다는 의미는 수련의 의미를 담고 있다.

사람 만나는 것이 두렵고 성과가 나오지 않아서 고민만 하고 있다면 어떻게 될까? 두려움은 점점 더 커질 것이다. 두려움은 꿰뚫고 지나가지 않으면 없어지지 않는다. 영화 〈최종병기 활〉에서 적장이 여동생 목에 칼을 겨누고 있을 때도 "두려움은 직시하면 그뿐!"이라는 대사와 함께 날아간 화살은 적장의 목에 정확히 날아가 꽂힌다. 두렵다고 계속 겨누고만 있거나 활을 내려놓으면 두려움은 오히려 더 커진다. 세일즈에서도 두려움에 맞닥뜨렸을 때 정면으로 도전하면 두려움도 극복되고 성과도 나온다.

한번에 한 가지

나는 중고자동차를 구입할 때 오전에 가서 타던 차를 팔고 오후에 다른 중고차를 가지고 온다. 아내는 차를 무슨 슈퍼에서 과자 사듯이 사온다고 타박한다. 나는 자동차를 잘 모르고 차에 대한 애착도 별로 없다. 차는 나에게 있어서 생활에 필요한 이동수단 정도의 의미밖에 없다. 그래서 나는 새 차보다는 중고차를 선호한다. 폭우가 쏟아지는 어느 날 뒤에서 누가 쿵하고 내 차를 받으면 나는 제발 그냥 가주길 빈다. 비가 오는데 내려서 보상을 해달라고 할 필요가 없기 때문이다. 그나마 중고차니까 이렇게 할 수 있지 새 차라면 이야기가 달라질 것이다. 중고차가 내가 부리는 부하같다면, 새 차는 내가 모시는 상전 같은 느낌이다.

차를 잘 모르는 내가 중고차를 조사하고 검토하는 것은 어둠 속에서 보이지 않는 상대와 싸우는 것과 같다. 딜러를 믿고 색상과 차종, 연식 정도가 맞으면 그냥 사는 편이다. 내가 컨트롤할 수 없는 경기장에서는 되도록 빨리 떠나 나의 홈구장으로 돌아와야 한다. 설령 성급한 선택으로 손해를 보더라도 그렇게 하면 시간을 절약할 수 있다. 절약한 시간으로 내가 잘하는 세일즈에서 성과를 낼 수 있으니까 나로선 전혀 손해가 아니다. 이런 식으로 나는 공부도 하고, 여행도 하고, 취미생활도 하면서도 세일즈 성과를 유지할 수 있었다. 남들은 어떻게 그렇게 여러 가지를 한꺼번에 할 수 있느냐고 묻는다. 그러나 핵심은 한꺼번에 여러 가지 일을 하는 것이 아니라 한번에 하나씩 여러 가지 일을 하는 것이다. 선택과 집중을 통해 에너지를 집중하니까 시간적으로 여유가 생기고 삶이 단순해진다.

과녁은 점이 아니다

과녁은 점이 아니라 방향이다. 과녁을 점으로 생각하면 인생의 목표를 정하기 힘들다. 한 고객에게 대학생인 자녀가 있었다. 그 학생에게 앞으로 무엇을 해야 할지 장래 목표를 적어보라고 하니까 이렇게 말했다.

"아는 것도 없고 상황이 계속 변하는데 어떻게 정확한 목표를 정할 수 있어요?"

종로 황학정의 대문만한 크기의 과녁 앞에서.
흰 테두리가 검은 점으로 가득한 것은 화살이 맞았던 자국이다.

맞는 말이다. 활을 쏠 때도 어떻게 처음부터 정확하게 정중앙에 명중시킬 수 있겠는가? 황학정의 과녁은 가까이에 가서 보면 대문만큼 크다. 가로 2m에 세로 2m 66cm이다. 가운데 검은 원은 조준을 위해서만 사용한다. 화살은 사각형의 어느 곳에 맞더라도 명중으로 인정한다. 인생의 목표도 점이 아니라 방향이다. 우리는 모든 정보를 가질 수 없기 때문에 목표를 정확하게 정하는 것은 불가능하다. 내가 첫 직장으로 은행을 선택할 때도 그랬고, 세일즈를 선택할 때도 목표점이 아니라 방향을 정하고 출발했다. 우선 방향을 정하고 나아가면서 점점 목표를 구체화해야 한다.

두려움을 두려워하라

활을 쏠 때는 두려워하지 말고 자신만의 과녁에 집중해야 한다. 남의 눈을 의식하면 명중시키기 힘들다. 활개를 펴고 호흡을 조절하는 방법이나 길이는 모두 다르다. 각자 본인에게 맞는 방법대로 본인이 정한 과녁을 조준해서 활을 쏘아야 한다. 인생에서도 누구나 각자의 과녁을 가지고 있다. 겨누지도 않고 과녁을 맞힐 수는 없다. 활이 깊게 휘어지는 만큼 살이 똑바로 나아가듯, 인생도 깊게 고민한 후에는 흔들림 없이 살아갈 수 있다. 흔들림이 없어야 두려움이 극복되고 반대로 두려움이 없어야 흔들리지 않는다. 우리가 두려워해야 할 것은 상대가 아니라 '두려움' 그 자체이다.

위기의 절반은 기회다

문 하나가 닫히면 이내 다른 문이 열린다는 것은 특별할 것 없는 인생의
규칙이다. 그러나 닫힌 문에 연연하여 열린 문을 소홀히 한다는 것이 인
생의 비극이다.

– 앙드레 지드, 프랑스 소설가

위기가 영웅을 만든다

"비관론자들은 기회가 왔을 때 위험을 보고, 낙관론자들은 위험이
와도 기회를 본다." 이 말을 남긴 윈스턴 처칠은 중학교 시절 학습 장
애로 유급 되었고, 육군사관학교도 삼수 끝에 합격했으며, 총리 선
거에서도 몇 번이나 낙선했었다. 어렵게 총리가 되자 이번에는 나라
가 위기가 처했다. 그러나 그의 진정한 가치는 위기 때 발휘되었다. 독
일의 무차별한 공격에 두려움과 불안에 떨고 있는 국민들에게 "우리
는 바다에서도, 육지에서도 싸울 것이며 절대로 항복하지 않겠다"라

는 불굴의 의지를 보여줌으로써 용기를 불어 넣었다. 처칠에게 모든 위기는 곧 모든 기회였다. 기회는 투명한 화살이다. 우리가 준비되어 있지 않을 때는 수없이 우리의 몸을 뚫고 지나가지만, 준비되어 있을 때 비로소 심장에 와서 박힌다.

이순신 장군도 임진왜란이라는 위기가 없었다면 지금처럼 추앙받는 영웅으로 기억될 수 없었을 것이다. 나도 편하고 안정적인 은행을 나와 세일즈를 선택했는데 은행과 비교해 보면 세일즈는 하루하루가 전쟁터이다. 17년 동안 여기서 밀리면 절벽으로 떨어진다는 배수의 진을 치고 지내온 것 같다. 이제는 위기와 친해져서 당연하게 받아들이고 의연하게 대처할 수 있게 되었다.

기회의 신은 뒤통수에 머리카락이 없다

기회는 소리없이 왔다가 소리없이 지나간다. 그리스의 시라쿠사 거리에는 제우스신의 막내아들인 카이로스의 조각상이 있다. 카이로스는 기회의 신인데 앞머리는 길게 내려와 있고, 뒤통수에는 머리카락이 없다. 발에는 날개가 달려있다. 조각상 아래에는 다음과 같은 글귀가 있다.

"내 앞머리가 무성한 이유는 누구든지 나를 보고 덥석 잡게 하기 위함이고, 내 뒷머리가 대머리인 이유는 내가 지나가면 다시는 붙잡지 못하도록 하기 위함이며, 내 발에 날개가 달린 이유는 그들 눈앞에서 최대한 빨리 사라지기 위함이다. 나의 이름은 바로 '기회'다."

그리스 신화에서는 물리적으로 흘러가는 시간을 크로노스라고 하고, 기회의 시간을 카이로스라고 한다. 시간이 흘러가게 놔두면 크로노스고, 잡으면 카이로스다. 모두들 저출산, 저성장, 저금리에 고령화를 엄청난 위기로 생각한다. 하지만 이러한 위기들은 준비된 세일즈맨들에게는 절호의 카이로스가 된다.

제우스의 막내아들 기회의 신 카이로스

위기를 밟고 올라서라

한 시골 마을에서 당나귀가 우물에 빠졌다. 주인인 농부는 당나귀를 꺼내려고 열심히 애를 썼지만 허사였다. 결국 농부는 당나귀를 포기하고 우물을 메우기로 결정했다. 농부와 이웃 사람들은 삽을 들고 우물에 흙을 퍼 넣기 시작했다. 당나귀는 머리 위에서 흙이 쏟아지자 죽음을 직감하고 미친 듯이 울부짖었다. 그런데 잠시 후, 당나귀의 울음소리가 멈췄다. 삽으로 흙을 퍼 넣다가 우물 안을 들여다본 농부는 눈앞에 펼쳐진 광경에 깜짝 놀라고 말았다.

당나귀는 놀랍게도 등 위로 떨어진 모든 흙을 바닥으로 떨어뜨려 '한 발 한 발' 밟고 있었던 것이었다. 사람들은 당나귀 위로 계속해서 흙을 퍼 넣었고, 당나귀는 몸에 떨어지는 흙을 털고 밟고 서기를 반복했다. 시간이 지나자 우물의 바닥은 점점 높아졌고 당나귀는 무사히 우물 밖으로 나올 수 있었다.

우물에서 탈출하는 유일한 방법은 흙을 밟고 그 위에 올라서는 것이다. 머리 위에서 떨어지는 흙덩이가 누구에게는 숨을 틀어막는 죽음의 신이 되지만, 누군가에게는 위기를 탈출할 수 있는 행운의 여신이 되기도 한다. 세일즈도 마찬가지다. 세일즈를 하다보면 누구나 우물에 갇히고, 흙이 떨어지는 상황을 겪게 된다. 그것을 기회로 만들고 안만들고는 바로 당신에게 달려있다.

비광 속의 개구리

비슷한 이야기가 화투 비광에도 얽혀 있다. 비광에서 왼쪽에 검게 늘어진 것은 버들가지, 가운데 파랗게 흐르는 것은 냇물이다. 그리고 가운데 있는 우산 쓴 남자는 일본 헤이안 시대의 유명한 학자이자 서예가인 오노노 미치카제(小野道風)다.

비가 추적추적 내리는 어느 날이었다. 글씨가 잘 써지지 않아 답답했던 미치카제는 냇가를 거닐고 있다가 무심코 개구리 한 마리가 버둥거리고 있는 모습을 보았다. 개구리는 불어난 물에 쓸려가지 않으려고 늘어져 있는 버들가지를 향해 온 힘을 다해 점프했지만 가지가 높아서 아무리 노력해도 버들가지를 잡을 수 없었다. 이 광경을 본 미치카제는 코웃음을 쳤다.

'어리석은 놈 같으니라고, 노력할 걸 노력해야지…'

그때 때마침 강한 바람이 불자 버들가지는 순간적으로 개구리가 있는 쪽으로 휘어졌다. 개구리는 그 순간을 놓치지 않고 뛰어올라서 버들가지를 붙잡았다. 미치카제는 이 모습에 큰 감명을 받았다.

'한낱 미물에 불과한 개구리도 부단한 노력으로 한 번의 우연을 기회로 바꾸었는데, 나는 노력도 하지 않고 불만만 가득했었구나.'

다시 마음을 다잡은 미치카제는 연습에 연습을 거듭하여 마침내 당대 제일의 서예가가 될 수 있었다.

개구리에게 위기를 벗어나고자 하는 생각이 없었다면 버들가지가 바람에 내려왔다 간 줄도 몰랐을 것이다. 불가능한 것 같았지만 계속

도저히 불가능할 것 같은 버들가지를 향해 계속 뛰고 있는 개구리.

뛰면서 노력하고 있었기 때문에 우연히 찾아온 단 한번의 기회를 붙잡을 수 있었던 것이다.

버들가지 한 줄기

요즘 취업이 정말 어렵다. 특히 신입사원으로 취업하기는 낙타가 바늘구멍으로 들어가는 것에 비견될 정도다. 회사도 직원을 뽑아서 교육시킬 여유가 없다보니 바로 써먹을 수 있는 경력직을 많이 뽑는다. 그래서 요즘은 취업 전에 인턴이나 사회경험을 쌓는 것이 보편화되었다. 하루는 대학 졸업반 여학생 두 명이 사무실에 인턴으로 왔다. 무엇을 도와줄까 고민하다 일주일에 5개씩 나에게 질문을 해보라고 했다. 그 질문에 내가 답을 주면 답을 정리하고, 그 밑에 본인의 생각을 적어보라고 했다. 한 달간 내가 시킨 대로 열심히 질문을 한 학생은 자

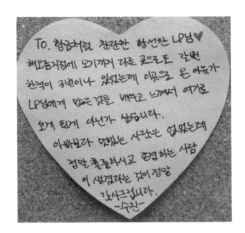

학생이 인턴 끝나고 박카스병에 붙여서 선물한 카드

기가 생각했던 것의 몇 배를 얻어갔다. 그 학생은 시간이 지나면서 질문도 다양해지고, 질문과 답을 정리하면서 본인의 미래가 좀 더 선명해졌다고 했다. 그리고 앞으로 살아가면서 스스로에게 질문하고, 답하고 정리하는 습관을 들여보겠다고도 했다. 하지만 부담스럽게 생각하고 질문을 하지 않은 학생은 아무것도 얻어가지 못했다. 그때의 질문과 답변 한 줄이 앞으로 닥쳐올 위기를 벗어나게 해 줄 한 줄기 버들가지가 될지 누가 알겠는가? 설령 기회가 오지 않더라도 준비되어 있는 것이 기회는 왔는데 준비되어 있지 않은 것보다 낫다.

위기와 친해져라

"인생에서 3번은 기회가 온다는데 왜 나에게는 한번도 안 오는 거야?"

라는 불평을 하는 동료가 있었다. 그 동료는 항상 새로운 것에 부정적이었다. 위기는 예측하고 기다리는 사람에게는 기회가 된다. 준비되지 않은 사람은 기회가 와도 오히려 위기로 생각한다. 또한 기회는 평화로울 때보다 혼란스러울 때 더 많이 생긴다. IMF라는 위기가 없었다면 나는 세일즈라는 좋은 기회를 선택할 수 없었을 것이다. 위기라는 것은 인상은 험상궂지만, 속은 진국인 친구다. 그래서 다른 사람들은 겉모습만 보고 그를 두려워하지만, 알고 지내면 큰 도움이 된다. 그래서 개인적으로는 위기가 반갑다. 그런 기회를 주는 위기라면 앞으로도 친하게 지내고 싶다.

과거를 놓아야 미래를 잡는다

행복의 열쇠 중 하나는 어두운 과거를 잊어버리는 나쁜 기억력이다.

— 리타 메이 브라운, 미국 소설가

과거는 디딤돌이다

갈매기와 박쥐, 그리고 가시나무가 합작으로 투자하여 사업을 하려고 사업 준비를 하였다.

박쥐는 사업자금을 동료들에게서 빌리고, 가시나무는 옷을 잔뜩 마련하였으며, 갈매기는 팔 수 있는 구리를 모두 모았다. 모든 준비를 마친 셋은 배를 타고 바다로 나갔다가 풍랑을 만나서 모든 것을 잃고 목숨만 간신히 부지했다. 그 후 박쥐는 빚쟁이를 피해서 동굴 속에서 지내며 밤에만 활동하게 되었으며, 갈매기는 자기의 물건을 하나라도 건지기 위하여 바다 위를 기웃거리게 되었다. 또 가시나무는 남의 옷가지를 잡고 늘어지는 버릇이 생겼다고 한다. 사람은 투자한 후 돈을 잃어버리면 과거에 미련을 갖고 잊지 못한다. 돈 뿐만 아니라 시간까지 잃어버리는 경우가 많다.

몇 살 위의 사회선배가 있다. 과거의 경력은 화려하다. 직장, 돈, 다양한 경험 등의 과거 이야기를 시작하면 이야기의 끝이 없고 엄청난 열기가 생생하게 느껴진다. 그러나 이야기의 말미로 가면서 현실에 가까워지면 말에 힘이 없어지고 기분이 가라앉는다. 지금은 별 희망 없이 근근이 삶을 버티고 있다. 희망이라고는 자식들에게 거는 기대 정도이다. 그래서 자식밖에 남은 것이 없다는 이야기를 한다.

과거는 미래로 가기 위해 가볍게 디뎌야 할 디딤돌이어야지 걸림돌이 되어서는 안 된다.

프로필 대신 드림레터

나를 소개할 때 초기에는 프로필을 보여주며 자랑했으나 10년 이후부터는 프로필 대신 드림레터를 보여준다. 프로필은 과거의 기록이고, 드림레터는 미래의 기록이다. 내가 과거를 이야기하면 고객도 과거를 이야기하고, 내가 미래를 이야기하면 고객도 자신의 꿈을 이야기 한다. 과거는 미래로 가기 위한 밑거름일 뿐이다. 과거에 너무 오래 머무르면 미래가 보이지 않는다. 보다 성장하려면 미래를 향한 강력한 에너지가 필요하다.

지나온 다리를 불태우지 말라는 말은 위급할 때 과거로 돌아가라는 의미가 아니고 과거를 불태우느라 쓸데없이 힘을 낭비하지 말라는 의미다. 미래의 꿈이 확고하면 과거는 생각할 겨를도 없다. 그래서

드림레터는 미래의 프로필이다.

나는 드림레터에 10년 후 또는 30년 후의 나의 모습을 생생하게 떠올려 보고 적는다. 그리고 만나는 사람들에게 나의 꿈을 들려주고 그들의 꿈을 묻는다. 특히 어린 학생들이나 젊은이들의 꿈에 관한 이야기를 들을 때면 나도 마음이 설렌다. 과거든 미래든 에너지는 생각하는 곳에 강하게 머물게 된다.

과거 친구, 현재 친구, 꿈 친구

나는 친구들을 크게 과거 친구, 현재 친구, 꿈 친구로 구분한다.

속리산 산골에서 사귀었던 초등학교와 중학교 친구들은 과거의 친구들이다. 사회생활을 하면서 만난 친구들은 현재의 친구들이고, 최근에 미래를 꿈꾸면서 사귀게 된 친구들은 꿈 친구들이다. 시골친구들을 만나면 대부분 과거 이야기를 한다. 그럴 때면 돌아갈 수 없는 아련한 과거가 생각나고 좋다. 사회 친구들을 만나면 대부분 현재의 사업 이야기나 자식 이야기, 먹고 사는 이야기를 한다. 하지만 꿈 친구들을 만나면 미래의 꿈에 대한 이야기를 한다. 그 친구들이 과거에 머물지 않을 수 있는 이유는 미래의 꿈이 너무도 선명하고 강력하기 때문이다.

과거가 길고 무거울수록 미래로 나아가기 위해서는 더 생생하고 절실하게 미래를 꿈꾸어야 한다. 나이든 사람들이 과거를 이야기하면 젊은 사람들과 공감할 수가 없다. 잠깐 신기해 할 수는 있지만 같은 시대를 산 것이 아니기 때문에 곧 흥미를 잃는다. 그러나 10년 후 미래를 이야기하며 젊은이들도 훨씬 쉽게 공감할 수 있다. 나이가 들수록 더 많은 꿈을 갖고 젊은 꿈 친구들을 사귀어야 한다. 그래야 현재에라도 머물 수 있지 그렇지 않으면 관성에 의해 다시 과거로 빨려들어갈 뿐이다.

시간을 대출하라

과거에 연연하는 것은 백미러를 보면서 고속도로를 운전하는 것처럼 위험하기 짝이 없다. 오래 전 내가 은행생활을 할 때 이야기다. 은행은 6개월마다 평가를 하여 그룹별로 지점의 실적에 따른 서열을 매긴다. 달성한 실적을 기준으로 상향 목표를 주기 때문에 좋은 성적을 받으면 다음 목표는 자동적으로 높아진다. 과거에 달성한 목표는 다음 목표를 설정하는 데만 필요할 뿐 이미 과거의 기록일 뿐이다. 새로운 레이스가 시작될 때는 다시 제로베이스에서부터 시작이다. 그래서 연속으로 좋은 실적을 내는 지점의 지점장은 올 하반기의 실적이 좋으면 내년 레이스를 11월부터 시작한다. 올해의 좋은 실적에 안주하는 것이 아니라 내년의 시간을 미리 앞당겨서 시작하는 것이다. 다른 지점들이 과거와 현재에 있을 때 미래를 달려가고 있으니 성과가 높을 수밖에 없다. 돈보다 시간을 대출하라. 시간의 이자는 복리에 복리로 붙어서 자신에게로 되돌아온다.

현재만이 선물이다

과거만 이야기하는 사람은 되도록 멀리하는 것이 좋다. 과거는 화려했는데 현재가 별 볼일 없고, 미래에도 희망이 없으니 자꾸 과거만 이야기하는 것이다. 처음에는 추억에 잠겨서 달달한 기분을 맛볼지 모르지만 정신을 차리고 현실로 돌아오면 다시 화가 나고 우울해진다. 나는 강의, 책 쓰기, 우주여행 등 미래에 대한 생각이 머릿속을 꽉 메우고 있기 때문에 과거를 돌아볼 여유가 없다. 과거는 이미 지나갔고, 미래는 아직 오지 않았다. 우리가 어떻게 할 수 있는 것은 현재뿐이다. 그래서 오직 현재(present)만이 우리에게 허락된 유일한 선물(present)이다.

지고도 웃는 세일즈 기법

"성인은 스스로를 낮춰 남의 뒤에 머물기에 오히려 사람들 앞에 나설 수 있으며, 자신을 희생함으로써 오히려 자신을 살린다. 스스로 드러내지 않으므로 오히려 그 존재가 밝게 나타나고, 스스로를 옳다고 여기지 않으므로 오히려 옳게 드러나고, 스스로 뽐내지 않으므로 공을 이루고, 스스로 자랑하지 않으므로 오래가는 것이다."

— 노자, 《도덕경》

고객과 어깨동무하라

한 노부부는 어딜 가든 항상 한 의자에 등을 마주대고 앉았다. 그 모습을 본 사람이 어쩌면 두 분은 그 연세가 되도록 그렇게 금슬이 좋으시냐고 비결을 묻자 노부인이 시큰둥하게 대답했다.

"이렇게 등을 마주 대고 앉아야 저 인간 얼굴이 안 보이거든요."

고객과는 결코 등을 맞대고 앉거나 경쟁해서는 안 된다. 같은 방향을 보면서 어깨동무를 하고 가는 관계가 되어야 한다. 한 친구는 변화가 별로 없는 안정적인 일을 하고 있었다. 반면 나는 해외여행도 많이 하고 항상 새로운 것에 도전하는 삶을 살고 있었다. 그래서 만나면 주로 내가 이야기하고 친구는 듣는 편이었다. 친구도 한동안은 내가 겪은 이야기를 신기해했지만 시간이 가면서 점차 소원해졌다. 그 친구는 자주,

"어떻게 하면 너처럼 살 수 있니?"

라고 묻곤 했다. 그때 희망을 주고 방법을 알려 주었어야 했는데 나는 그것도 모르고 주구장창 내 자랑만 했던 것이다. 결국 친구는 내 이야기에 점점 흥미를 잃기 시작하더니 결국 연락이 끊기고 말았다. 내 자랑은 실컷 했지만, 나는 결국 친구를 잃을 수밖에 없었다.

계약이 다가 아니다

세일즈에서는 거절처리라는 말이 있다. 거절처리란 고객들이 새로운 지출이 발생하는 것에 부담을 느끼고, 계약을 부정적으로 생각하는 것을 긍정적으로 바꾸어서 계약을 성사시키는 것을 말한다. 하지만 무리해서 거절처리를 하는 것은 도리어 이기고도 지는 것이다. 어쩔 수 없이 한 계약은 유지되기도 힘들고, 조금만 형편이 어려워지면 쉽게 해지된다. 계약이 해지되면 세일즈맨과 고객 모두에게 상처를 남기기 때문에 그런 계약은 아예 하지 않은 것만 못하다. 몇 년 전 좋은 관계를 유지해오고 있던 고객과 큰 계약을 한 적이 있다. 그 고객은,

"금액도 부담이 되고 내가 생각하는 목적과는 잘 맞지 않는 것 같네요."

라고 이야기했지만, 나는

"준비는 현재보다는 미래를 생각하며 해야 됩니다. 앞으로 지출은 줄고 수입은 늘어날 가능성이 많습니다. 이 상품은 복합적인 기능을 가지고 있어서 단순 기능만 가지고 있는 것보다 유리합니다."

라고 설득하여 기어이 계약을 성사시켰다. 나는 거절처리를 잘해서 계약되었다고 좋아했지만, 얼마 지나서 고객은 아내가 반대한다는 이유로 계약을 취소했다. 그때는 어떤 설명도 소용이 없었다. 계약이 취소된 후에도 한동안 서먹하고 불편한 관계가 되었다. 이기고도 결국은 울었던 아픈 기억이다.

동업해서 성공하기

세일즈맨들은 공동으로 세일즈를 하는 경우가 많다. 그때 서로를 경쟁상대로 보고 더 많이 얻으려고 하면 관계가 오래 지속되지 못하고 상처만 남긴 채 끝난다. 공동세일즈는 정해진 파이를 나누는 것이 아니라 서로 협력해서 없던 파이를 만들고 키우는 것이다. 혼자 할 때보다 파이가 몇 배로 커지니까 반으로 나누더라도 더 많은 것을 얻을 수 있다.

그래서 나는 공동세일즈를 할 때 항상 5대 5 아니면 1대 9를 주로 한다. 5대 5는 중간이니까 말썽이 안 난다. 1대 9에서는 내가 항상 1이기 때문에 또한 다툼의 여지가 없다. 내가 대부분의 역할을 했더라도 형편이 어려운 상대를 위해 양보하면 더 큰 것으로 나에게 돌아온다. 큰 것을 양보하면 당장은 손해 보는 것 같지만 나중에 훨씬 더 큰 것을 얻게 된다. 이것이 지고도 이기는 방법이다.

진정한 금메달리스트

2014년 소치 동계올림픽에서 김연아는 아쉽게도 은메달에 머물렀다. 당시 여자 피겨스케이팅 금메달리스트는 러시아의 아델리나 소트니코바였다. 그러나 사람들에게 깊은 감명을 준 사람은 소트니코바가 아니라 김연아였다. 심판의 편파적인 판정에 많은 사람들이 아쉬움을 넘어 분노했지만, 정작 김연아는 "최선을 다했고 잘했기 때문에 만족한다"며 담담하게 웃어보였다. 비록 소치에서는 은메달에 머물렀지만 피겨의 진정한 여왕이 김연아임을 의심하는 사람은 없었다.

반면 소트니코바는 어떤가? 소치 올림픽 이후 일체의 대회에 출전하지 않아서 '본 실력이 탄로날까봐 출전하지 않는다'라는 비아냥 소리를 들어야 했다. 아마도 그녀에게 올림픽 금메달은 영광이 아닌 평생 꼬리표처럼 따라다니는 저주가 될 것이다.

정당하지 못한 방법으로 얻은 승리는 깨끗한 패배만도 못하다. 반면 최선을 다한 아름다운 패배는 어설픈 승리보다 더 많은 사람들에게 감동을 줄 수 있다. 결국 진정한 승리는 외적인 결과에 달려있는 것이 아니다. 상대에게 어떤 가치를 주고 어떠한 감동을 주었느냐에 달려있다.

세상에서 가장 효과적인 반품처리법

세계적인 온라인 신발 판매회사 자포스는 아마존이 12억 달러에 인수한 회사이다. 한 여성이 몸이 아픈 어머니를 위해 자포스에서 신발을 구입했는데 어머니가 곧 세상을 떠나고 말았다. 어머니의 장례식이 끝나고 상심이 큰 그녀에게 쇼핑몰에서 이메일 한 통이 날아왔다.

"고객님, 주문하신 상품은 마음에 드시는지요?"

여성은 답장을 보냈다.

"몸이 아픈 어머니를 위해 산 구두인데, 어머니가 그만 돌아가셨어요. 신을 분이 안 계셔서 반품을 하고 싶은데 가능할까요?"

이 회사의 기본 정책에 따르면, 반품할 경우 요금은 무료지만 고객이 직접 택배를 불러서 물건을 보내야 한다. 하지만 자포스는 그 정책을 어기면서까지 그녀의 집으로 택배 직원을 보내 반품하게 해주었다. 이 진심 어린 배려에 구두를 구매한 여성은 신선한 충격과 큰 감동을 받았다.

이야기는 여기서 끝나지 않았다. 다음날 그 여성에게 한 다발의 꽃이 또 배달되었다. 카드에는 어머니를 잃고 슬픔에 빠진 여성을 위로하는 글이 적혀 있었다. 그 여성고객은 자포스 직원의 친절함에 눈물을 흘리며 이렇게 말했다.

"이것은 제가 지금까지 받아본 친절 중에서 가장 감동적이었습니다. 혹시 인터넷에서 신발을 사려고 하신다면 저는 자포스를 적극 추천합니다."

뜻밖의 친절에 감동한 여성의 진심어린 추천의 가치는 돈으로 환산할 수 없는 것이었다.

파도를 보지 말고 바람을 보라

지고도 웃을 수 있다면 항상 웃을 수 있다. 나는 세일즈 이후까지 생각하기 때문에 눈 앞의 성과에 연연하지 않고 항상 웃을 수 있다. 그런 의미에서 나는 이미 이긴 것이나 다름없다. 하나의 끝은 또 다른 시작을 의미한다. 이번에 지더라도 다음에 더 큰 기회가 기다리고 있다면 나는 웃을 수 있다. 어떤 것을 이루었는지보다 어떤 과정을 거쳐서 이루었는지가 중요하다. 파도를 보지 말고 파도를 일으킨 바람을 보라. 당장은 파도에 먹히더라도 바람을 탈 수만 있다면 얼마든지 목적지로 갈 수 있다.

2017년 7월에 갔던 북극해의 파도

유머로 반전하라

유머는 고객의 마음을 여는 열쇠이다. 맞는 열쇠를 제대로 꽂아야 마음
의 문이 열린다.

— 용혜원, 《세일즈 성공을 위한 유머감각 만들기》

유머는 여유다

집을 보러 온 손님에게 부동산 중개업자가 열심히 설명했다.
"이 동네는 공기와 물이 좋아서 병에 걸려 죽는 사람이 없어요."
그때 마침 장례행렬이 그들 앞을 지나고 있었다.
그러자 그 중개인은 혀를 차며 이렇게 말했다.
"저런, 환자가 없어 결국은 의사가 굶어 죽었구먼."
거짓말이 들통나는 최악의 상황에서도 여유있는 유머는 이렇게 극
적인 반전을 만들어 준다.

유머는 뼈와 뼈를 이어주는 연골처럼 사람과 사람 사이를 부드럽게 이어주는 완충제 역할을 한다. 퇴행성관절염에 걸리면 무릎이 뻑뻑해지듯이 유머감각이 없으면 인간관계가 서먹서먹해진다. 사람은 웃을 때 마음의 여유가 생기고 긍정적이 되어서 계약 성공률도 높아진다. 언제든 고객을 웃음 짓게 할 수 있다면 세일즈는 저절로 해결된다.

기적의 '12345 대화법'

세일즈와 삶에서 활용했던 나만의 '12345 대화법'을 소개한다. 앞머리에 숫자를 붙여서 기억하기도 쉽고 심플해서 실전에서도 아주 유용하다.

1. '한 가지 주제'에 대하여만 이야기한다. 그래야 초점이 흔들리지 않고 집중하게 된다.
2. 이야기하듯 한다. 이야기의 전체 흐름을 대화체나 스토리화하여 말하면 물이 흘러가듯 자연스럽게 대화가 진행된다.
3. '3분 또는 3가지' 인내할 수 있는 짧은 시간 그리고 3가지 이내로 이야기한다. 대부분의 사람들은 상대의 이야기를 3분 이상 인내하지 못한다. 아무리 좋은 점도 3가지가 넘어가면 전체를 기억 못할 가능성이 높다. 인내하고 기억이 가능한 범위 내에서 설명한다.
4. '사례'와 '비유'를 활용하라. 실제 발생했던 사례만큼 설득력이 있는 것은 없고 비유를 들어야 쉽게 이해한다.

5. '오 마이 갓'이다. 놀람, 반전, 유머를 의미한다. 양념이 빠진 요리는 너무 밋밋하다. 유머가 빠진 대화는 1%가 부족한 것 같은데 효과는 99%가 떨어진다. 1%의 유머가 100%을 만든다.

이 방법에서 핵심은 다섯 번째인 유머에 있다. 유머로 반전시키지 못하면 변화는 불가능하다. 요즘은 상대를 생각하는 대화는 없고, 일방적으로 던지는 발화만 넘쳐난다. 세상을 부드럽게 만들고 적까지도 아우를 수 있는 그런 방법은 없을까. 이럴 때일수록 품격 있는 유머와 기지가 필요하다.

두 얼굴의 링컨

링컨 역시 정적들로부터 '두 얼굴을 가진 이중 인격자'라는 공격을 받았을 때,

"제 얼굴이 두 개라면 왜 하필 이 못생긴 얼굴을 갖고 나왔겠습니까?"

라고 말하며 사람들의 웃음을 이끌어냈다. 선거에서 멋진 승리를 거둔 것은 물론이었다.

헨리 와드 비처는 "유머감각이 없는 사람은 스프링 없는 마차와 같아서 길 위의 모든 조약돌에 부딪힐 때마다 삐걱거린다고 한다"라고 이야기했다. 유머감각이 있는 사람과 대화하면 대화가 중간에 끊기거나 어색한 경우가 없다. 하지만 유머 감각이 없으면 별 것 아닌 것으

로 대화가 어색해지고 상처를 주게 된다. 유머는 모든 단점을 장점으로 바꿔주는 힘을 가지고 있다.

목사님이 보험 상품 설명을 다 듣고 난 후에 말했다.

"나는 하나님이 돌봐 주시기 때문에 따로 준비하지 않아도 돼요."

"그렇군요. 하나님이 모든 것을 돌봐 주신다면 왜 교회 십자가에 피뢰침이 있죠? 하나님도 사람들이 할 수 있는 것을 다하고 나머지를 하나님께 의지하는 것을 원하시지 않을까요? 어쩌면 하나님이 저를 목사님께 보내셨을지도 몰라요."

라고 이야기해서 계약을 성사시킨 적도 있었다. 유머는 어떤 설득보다도 힘이 세다.

유머로 반전하라

미국의 한 소도시에 대형 할인마트가 개장 했다. 그곳에서 40년째 장사를 하고 있는 스미스 씨의 가게 바로 오른쪽이었다. 할인마트는 건물 외벽에 커다란 플래카드를 붙였다.

"최저 가격"

스미스 씨의 매출은 30%나 줄었다. 그런데 몇 주 후, 이번엔 또 다른 대형마트가 왼쪽에 들어서면서 이런 플래카드를 붙였다.

"최고의 품질"

스미스 씨의 매출은 또 30%가 줄었다. 완전히 고래 사이에 낀 새우가 된 셈이었다. 고심 끝에 스미스 씨는 자신의 상점에도 한 장의 플래카드를 붙였다. 그러자 매출이 급증하기 시작했다. 플래카드에는 이렇게 씌어있었다.

"출입구."

이렇게 스미스씨는 유머러스한 플래카드로 손실을 반전시킬 수 있었다.

단점을 장점으로 바꾸는 기술

장 크레티앙은 캐나다 국무총리를 세 번이나 연임하며 전 국민의 사랑을 받은 사람이었다. 그는 선천적으로 한쪽 귀가 들리지 않았고, 안면 근육 마비로 입이 비뚤어진 탓에 발음이 정확하지 않았다. 장 크레티앙의 이런 모습은 어렸을 때부터 친구들에게 놀림의 대상이 되곤 했다. 그는 29세 때 국회의원에 당선된 후 국민들의 신임을 얻어 캐나다 총리에 입후보했다. 한 기자가 물었다.

"캐나다 총리에게 언어 장애가 있다는 것이 업무수행에 문제가 될 것 같은데 그 점을 어떻게 생각하십니까?"

그러자 장 크레티앙은 웃으면서 대답했다.

"네, 저는 선천적인 장애로 말을 잘 못합니다. 그래서 결코 거짓말도 못합니다."

다른 사람들의 감정을 상하게 하지 않으면서 단점을 장점으로 바꿀 수 있는 것은 유머뿐이다. 유머를 지배하는 사람은 세상을 지배할 뿐 아니라 세상을 행복하게 만든다.

유머가 경쟁력이다

세일즈맨 벤 펠드먼은 무척 만나기 어려운 사장을 찾아갈 때 비서에게 100달러짜리 지폐를 건네며 이렇게 말한다고 한다.

"사장님에겐 시간이 돈이라는 걸 잘 압니다. 죄송하지만 이걸 사장님께 전해드리고 5분만 시간을 내주시면 안 되겠느냐고 여쭤봐 주시겠습니까? 안 된다고 하시면 비서께서 가지세요."

그러면 비서는 웃으면서 기꺼이 사장과 만날 수 있도록 힘쓴다. 팁으로 100달러를 챙기는 것은 물론이다. 유머는 심각한 상황도 부드럽게 넘어갈 수 있는 힘이 있다. 그래서 요즘은 유머도 경쟁력이다. 심지어 유머 감각이 있는 사람은 배우자감으로도 손꼽힌다.

우문현답으로 적자생존하라

무엇이든 "당장 시작하라." 하면 가장 많이 듣게 되는 말이 "아직 내공
이 부족해 조금 더 실력을 쌓은 후에 도전하겠다"라는 말이다. 그러나
내공이 쌓일 때까지 기다리는 사람은 결코 내공을 쌓을 수 없다. 내공은
하나를 실패할 때마다 하나씩 쌓인다.

— 정철, 《머리를 9하라》

두드리면 열릴 것이다

한 사람이 문 안으로 들어가기 위해 일생을 문 밖에서 서성였다.
죽기 직전에 그는 자기 앞을 가로막고 서 있는 문지기에게 물었다.
"나를 들여보내지 않고 지키는 이유가 무엇인가?"
그러자 이 문지기가 말했다.
"이 문은 당신의 문입니다. 나는 당신을 돕기 위해서 여기에 있습니
다. 그러나 당신은 여태까지 이 문을 열어달라고 나에게 요청한 일이
없었습니다."

문이라는 영어단어 'Door'에는 'Do'가 숨어있다. 실행하지 않으면 문은 열리지 않는다는 의미이다. 세일즈에서 시도한다는 것은 현장으로 달려가서 부딪치고 계약서에 서명을 해야 한다는 것이다. DO드려라. 그러면 열릴 것이다.

우문현답

세일즈맨은 '우문현답'을 마음에 새기고 살아야 한다. '우리의 문제는 현장에 답이 있다'는 것은 아무리 강조해도 지나치지 않다. 현장은 온갖 위험이 도사리고 있다. 그래서 많은 사람들이 웬만하면 현장에 가지 않고 책상머리에 앉아서 문제를 해결하려고 한다.

어느 회사에서 조찬을 겸한 중요한 회의가 있어서 신입직원에게 장소를 알아보라고 이야기했다. 신입직원은 인터넷으로 검색하고 30분 만에 예약까지 끝냈다. 다음날 과장이 임원들과 조찬 장소에 도착하니 바로 앞에서 한창 공사를 하는 중이었다. 소음과 먼지가 심해서 도저히 회의를 할 수 없는 상황이었다. 공사한다는 안내가 며칠 전부터 있었는데 현장을 확인하지 않았으니 알 수가 없었던 것이다. 결국 그 신입직원은 회사를 얼마 못 다니고 그만두었다고 한다.

현장을 외면한 업무는 사상누각에 불과하다. 세일즈는 뇌세포가 아니라 체세포로 하는 것이다. 업무가 현장에서 멀어질수록 성공도 멀어진다.

적자생존

세일즈맨이 또 하나 마음에 새겨야 할 말은 '적자생존'이다. 적자생존이란 '적는 자만이 살아남는다'는 뜻의 줄임말이다. 아무리 좋은 계약서도 사인을 하지 않으면 종이 조각에 불

꿈을 적어보라고 하면 '없다', '모른다' 하면서 머리를 쥐어뜯기도 하지만 결국은 다 적는다. 가장 무섭다는 중2 학생들을 대상으로 열강하는 중~

과하다. 색소폰을 배울 때도 일단 학원에 등록 사인을 하니까 꾸준히 연습을 하게 된다. 꿈도 적어놓지 않으면 까맣게 잊어버린다. 모처럼 꿈 속에서 좋은 아이디어가 떠올라도 적어놓지 않으면 나중에는 생각나지 않는다. 미래의 꿈이나 비전도 적어놓아야 내 것이 되고 이루어진다. 그런데도 사람들에게 꿈을 적어보라고 말하면 대개

"일단 생각 좀 해 보고요. 그걸 어떻게 바로 적어요."

라고 대답한다. 이 말은 결국 꿈이 없다는 말이다. 문제는 1년이 지난 후에 다시 적어보라고 해도 또 똑같이 나중에 적는다고 말한다는 점이다. 예전에 한 줄이라도 꿈을 적었던 사람은 다시 적을 때 꿈이 달라졌거나 더 구체화되어 여러 가지를 적는다. 설령 잘못된 꿈이라도 일단 적은 사람은 잘못 적었기 때문에 자꾸 생각을 하게 되고 결국 자기의 올바른 꿈을 찾아간다. 적는다는 것은 나 자신과 다른 사람들 앞에서 무슨 일이 있어도 이 일을 해내겠다는 계약서에 서명을 하는 것과 다름 없는 것이다.

현장을 떠나면 죽는다

현장에 가서 직접 경험해 본 사람은 말에 힘이 생기고 자신감이 넘쳐난다. 그러나 해보지 않고 머리로만 생각한 사람은 자신의 말에 힘이 빠지고 잔머리를 굴리다가 낭패를 당하기 쉽다. 모든 것은 현장에서 시작하고 현장에서 끝난다. 아무리 최첨단 전투기로 폭격을 해도 결국 보병이 현장에 가서 깃발을 꽂지 않으면 전쟁을 끝낼 수가 없다.

세일즈 강의를 하다보면 실제로 경험해본 사례는 사소한 것이라도 설득력이 있는 반면 다른 사람의 책에서 읽은 사례는 설득력이 약하다. 세일즈맨도 자신의 실제 경험 위주로 사례를 이야기하는 사람들이 고객들과 관계도 좋고 성과를 잘 낸다. 뭔가 획기적이고 신기한 남의 사례를 찾아다니는 세일즈맨은 한동안은 신나게 이야기하지만 점점 시들해지고 자기가 지쳐서 오래하지 못한다. 고객들은 책에 나오는 화려한 이야기가 아니라 직접 경험한 살아있는 이야기를 듣고 싶어 한다. 실제 현장에서 자기가 경험한 것은 현장의 구체적인 숨소리까지 생생하게 이야기 할 수 있기 때문에 시간이 지나도 에너지가 소진되지 않는다. 강의도 현장을 떠나면 물을 떠난 고기처럼 죽은 것이나 다름없다. 현장에서 경험한 것은 사소한 것이라도 똑똑함과 어떤 지식도 넘을 수 없다.

사람을 먼저 보라

예전에 모 가전회사에서 TV 리모콘에 여러 가지 기능을 추가하여 출시했지만 시장의 반응은 싸늘했다. 리모컨을 구입한 사람은 한두 번 사용하다가 옛날에 썼던 단순한 구형 리모컨으로 돌아갔다. TV를 시청하는 사람들은 리모컨을 보지 않고 TV를 본다. 사람들은 드라마에서 눈을 떼지 않고도 감에 의지해 소리를 키울 수 있도록 단순하게 조작할 수 있는 제품을 선호한다. 스마트폰처럼 화면을 보면서 리모컨을 조작하는 사람들은 아무도 없다. 사람을 보지 않고 상품만 보고 만드니까 이런 현상이 벌어진 것이다. 현장에서 직접 확인한 사실만이 진실이다. 혼자 상상하고 고민하는 것은 아무런 쓸모도 없고 세일즈를 방해할 뿐이다. 고객은 서류 속이 아닌 현장에 있다. 현장을 떠난다는 것은 고객과 이별하겠다는 것과 같다.

실행이 답이다

카를로스 곤 닛산 자동차 사장은 아이디어는 과제 극복의 5%에 불과하며, 아이디어의 좋고 나쁨은 어떻게 실행하느냐에 따라 결정된다고 말했다. 이승철 전경련 부회장이 2014년 8월 〈한국경제신문〉과의 인터뷰에서 "100번의 강연을 듣기보다 직접 한번 해봐라"라고 이야기한 것 역시 마찬가지 맥락이다. 나 역시 17년의 세일즈 삶에서 현장에 있을 때가 가장 안전하고 행복했다. 누구든 '우문현답'과 '적자생존'을 마음에 새기고 세일즈를 한다면 즐겁게 성과를 낼 수 있으리라 확신한다.

커피 한 잔도 샤넬처럼 팔아라

새 술은 새 부대에 담으라는 속담이 있다. 하지만 새 술은 신선하기는
하지만 세월이 묻어 있지 않아 비싸게 팔 수 없다.

— 이동철, 《한 덩이 고기도 루이뷔통처럼 팔아라》

명품 정육점

'빅터 처칠'이라는 호주의 럭셔리 정육점은 입구부터가 남다르다.
가축의 털과 가죽으로 만들어진 제품이 쇼윈도를 장식하고, 드라이
에이징된 고깃덩어리들이 고급스런 이미지를 연출한다. 마치 버버리
나 루이비통 같은 명품 브랜드의 매장을 보는 듯하다. 방문객이 매년
수만 명에 달하는 관광명소라서 유명 배우들도 시드니에 가게 되면
방문한다. 이곳에 들른 사람들은 '빅터 처칠에는 영혼이 있다'고들 말
한다. 그만큼 최고의 장인들이 정성들여 고기를 만지고 최고의 요리

를 손님들에게 제공하기 때문이다. 이 가게의 정식직원들은 모두 세계 요리대회 수상자들이며, 파트타임 직원들도 요리에 조예가 깊어 연봉이 1억 4천만 원이 넘는다고 한다. 명품 직원이 명품 환경에서 명품 고기를 샤넬처럼 팔고 있는 것이다.

시간도 명품이 있다

나는 특히 바쁜 고객들을 만날 때는 다음과 같은 이야기를 한다.

"워런 버핏과 점심 식사하는 티켓이 얼마인지 아세요?"

"글쎄요. 잘 모르겠는데요?"

"요즘은 10억 원대로 내려갔지만 한때 40억 원까지 간적도 있습니다. 오늘 바쁜 시간 내주셨는데요. 30분이든 1시간이든 고객님의 시간을 제가 사는 것이라고 생각합니다. 저와 보낸 시간이 의미가 없다는 생각이 드시면 제가 워런 버핏 정도는 아니지만 몇 십만 원이라도 대가를 지불하겠다는 생각으로 준비를 하고 왔습니다."

이렇게 이야기하면 듣는 자세가 달라진다. 이야기 중에 전화가 걸려 와도 받을 생각을 하지 못 한다. 그 순간 함께하는 시간이 그 정도의 가치가 있음을 알기 때문이다. 내가 고객의 시간을 명품처럼 대접해 주면 고객도 나의 말을 명품처럼 대접한다.

가치로 승부하라

예전에 은행에 근무할 때 한 고객이 정기예금 해지시 예상 금액을 문의하였다. 그때는 지금처럼 전산이 잘 발달되지 않아서 합산을 잘 못했는지 금액을 잘못 알려주었다. 며칠 후에 해지하러 와서는 몇 만 원이나 차이가 난다고 크게 화를 냈다. 아차 싶어서 자료를 급하게 만들어서 잘 설명 드렸더니, 납득하시고 갈 때는 오히려 직원들과 회식을 하라며 큰 금액의 수표를 주고 갔던 기억이 있다. 상담과정에서 그 고객은 돈 이상의 심리적 가치를 얻었기 때문이다.

가격은 물건을 살 때 지불하는 것이지만, 가치는 물건을 살 때 벌어들이는 것이다. 어느 백만장자가 골프를 치다 1달러짜리 지폐를 떨어뜨렸다. 지폐는 바람에 날려 큰 차 밑으로 들어갔다. 부자가 지폐를 꺼내려고 갖은 노력을 하고 있을 때 직원이 와서 긴 막대로 꺼내 주었다. 1달러를 받아든 백만장자는 기뻐하며 직원에게 팁으로 100달러를 주었다. 1달러짜리의 가격은 1달러이지만, 그것을 되찾음으로써 백만장자가 얻은 가치는 100달러 이상이었던 것이다.

세일즈는 가치로 승부해야 한다. 가격으로 승부하면 보람도 못 느끼고 머리까지 아프다. 나는 똑같은 것이라도 어떻게 가치를 창출해서 고객에게 그 가치를 전달할 것인가를 고민한다. 소중한 가치로 가득 찬 내 인생을 어떻게 가치가 없는 것에 투자한단 말인가?

두부에도 명품이 있다

인천 용현시장의 '콩사랑두부'는 두부 한 모도 명품처럼 판다. 콩사랑두부는 일반 두부보다 두 배나 비싸다. 하지만 불황에도 매출이 떨어진 적이 없다. 당일 생산, 당일 판매 원칙을 고수하기 때문에 늦게 가면 수량이 한정되어서 살 수 없는 경우가 많다.

두부 한 모에도 스토리와 가치가 담겨 있다면 가격은 문제되지 않는다. 한 할머니는 줄을 서서 두부를 사면서 손자와 손녀가 맛있게 먹는 모습을 상상한다. 그 할머니는 '두부'를 사는 것이 아니라 손자와 손녀에 대한 사랑을 산 것이다. 물건은 싸게 사려 하지만, 가치 있는 사랑은 비싸게 사고 싶은 것이 사람들의 심리이다. 두부 한 모가 명품이 되려면 그 안에 콩 이외에도 사랑, 건강, 신뢰 등의 가치가 담겨야 가능하다. 그러한 가치가 담긴 것은 일반 두부와 비교될 수 없다. 루이비통의 가격을 재료값이나 바느질값으로 환산할 수 없는 것과 마찬가지이다. 두부는 이렇게 명품이 된다.

아웃풋은 인풋에 비례한다

커피 한 잔도 샤넬처럼 구입해야 커피 한 잔에서 샤넬의 가치를 제대로 느낄 수 있다. 같은 사무실에서 일했던 21세 대학생 인턴의 버킷 리스트에는 '책 쓰기'가 있었다. 30세 이전에 에세이식으로 쓰고 싶다고 했다. 그래서 내가,

"6개월 만에 원하는 책을 써서 출판까지 완료된다면 2천만 원을 투자할 수 있겠어요?"

하고 물었다. 인턴은 깜짝 놀라면서

"당장 20만 원도 없는데, 2백만 원 정도면 몰라도 그렇게 큰돈을 어떻게 마련해요?"

라고 대답했다. 보통 사람들은 엄청난 가치 있는 일에도 평범한 수준의 가격을 부여하려고 한다. 그래서는 돈만 허비하고 평범한 수준의 삶도 살기 어렵게 된다. 내가 다시 이야기했다.

"설령 누군가 20만 원에 책쓰는 모든 것을 해준다고 하면 정말 책을 쓸 수 있을까요? 아마 고생만 하고 흐지부지될 걸요. 꼭 책을 쓰고 싶다면 어떻게 해서든 2천만 원을 구할 것이고, 그 각오로 책을 쓰고 나면 인생이 달라질 수 있어요."

있어도 그만 없어도 그만인 20만 원을 투자하면, 책 쓰는 각오도 있어도 그만 없어도 그만이다. 하지만 그 100배인 2천만 원을 투자하면 각오와 자세가 달라진다. 어떤 상황에서도 책을 완성하게 되고 그러한 경험은 인생의 모든 상황에 적용된다. 결국 나중에 가서는 몇십 배의 가치를 발휘하게 된다.

최고의 가치를 얻으려면 최고의 대가를 지불해야 한다. 며칠 후 학생이 찾아와서 이야기했다.

"지난번 책 이야기가 처음에는 황당하게 들렸는데 요즘 들어 자꾸 생각이 나요."

가치를 창출하라

가격과 가치는 비교될 수 없다. 같은 가격의 냉장고도 열대지방과 북극지방에서의 가치는 전혀 다르다. 상품은 품질이 좋다고 팔리는 것이 아니라 고객이 가치를 인정할 때 팔린다. 세일즈맨은 상품에 가치를 부여해서 상품이 아닌 가치를 팔아야 한다. 기념일에 한 쌍의 연인이 와서 꽃값을 물어본다. 단순히 꽃이라는 상품을 파는 사람은 가격만 말해준다. 하지만 가치를 파는 사람은 가격을 말하지 않는다.

"두 분이 너무 잘 어울리시고 행복해 보여요. 만난 지 얼마나 되셨어요? 이 꽃은 사랑을 나타내 주는 꽃이고, 여기에 있는 꽃은 변하지 않는 마음을 의미하는데 어느 쪽을 원하세요?"

"둘 다 주세요. 사랑은 변치 않아야 하니까요."

군이 가격을 이야기 하지 않아도 망설임 없이 구입한다. 변치 않는 사랑이라는 가치에는 가격을 매길 수 없기 때문이다. 100이라는 상품을 50의 가치로 전달하는 세일즈맨이 있고, 50이라는 상품을 150의 가치로 전달하는 세일즈맨이 있다. 후자의 상품을 구입한 고객은 100이라는 가치를 덤으로 받는다. 이 세일즈맨은 이전에는 없던 100이라는 가치를 창출한 것이다. 고객이 스스로 가치를 찾도록 한 다음 가격을 제시하면 그 차이만큼의 가치를 세일즈맨이 만들어낸 것이다. 세일즈맨은 가치 창출에 중점을 두고 가치를 팔 수 있어야 한다.

팔려면 팔지 마라

물건을 싸게만 팔려고 하면 오히려 팔기가 어렵다. 한남동의 한 아이스크림 가게는 일부러 고객들을 줄세운다. 사람들은 가게 앞에 늘어선 줄을 보고 '와~' 하고 감탄사를 연발하면서 인증샷을 찍는다. 좀 빨리 살 수 없을까 해서 매장 안을 들여다보면 한 명의 직원이 일하고 있다. 직원을 좀 더 늘리면 고객을 줄 세우지 않아도 될 텐데, 길게 늘어선 줄 역시 제품에 대한 체험이자 홍보수단이다. 가치를 생각 안 하고 팔려면 아예 안 파는 것이 낫다. 팔려면 가치와 의미를 부여해서 비싸더라도 고객에게 만족감을 줄 수 있는 것을 팔아야 한다. 상품은 단지 가치를 전달해 주기 위한 포장지에 불과하다.

묫자리까지 봐주는 종신서비스

명당은 찾아내야 할 대상이 아니라 만들어 가야 할 대상이다. 아무리 자
리가 좋다고 해도 노력하지 않는다면 그 노력의 결실을 맺을 수 없다. 우
리가 열심히 노력해서 잘 된다면 그 자리가 바로 명당이 될 수 있다.

— 최창조, 《명당은 마음 속에 있다》

요람에서 무덤까지

머슴이 아버지가 돌아가시자 주인에게 물었다.
"돌아가신 아버지를 주인어른 산에 묻어도 될까요?"
"그래, 네가 알아서 모셔라."
머슴은 겨울에 나무하러 가면 항상 쉬던 장소에 아버지를 묻었다.
그 장소는 바람이 불지 않아 따뜻하고 눈이 녹아있는 장소였다. 더군
다나 땅에서 훈훈한 열기가 올라와 눈이 녹는 곳이니 최고의 명당이
라고 할 수 있다.

명지대학교 최낙기 교수는 '명당'이란 별다른 곳이 아니라 자연 그대로이면서 햇볕이 잘 들고, 바람을 잘 막아주고, 자연재해로부터 보호받을 수 있는 공간이라고 말한다. 이것이야 말로 세일즈에서 파는 '보험'이 아닌가? 나는 기꺼이 나 스스로가 고객의 명당이 되기로 결심하고, 5년 동안이나 전국의 산야를 누비며 풍수지리를 연구했다. 우리나라는 특히 조상에 대한 생각이 강하기 때문에 묏자리에 대한 집착이 강하다. 묏자리까지 잡아주겠다는 것보다 확실하게 고객에게 종신서비스를 각인시켜주는 것은 없다.

풍과 수

처음 풍수지리를 배우기 시작했을 때는 낯선 용어와 한자들이 무척 어렵게 느껴졌다. 그러나 야외로 실습을 다니자 소풍가는 것처럼 기분이 밝아졌다. 공부는 책상머리에서 하는 것보다 밖에서 하는 것이 진짜다.

내가 풍수를 공부한 입장에서 보면 바람의 흐름이 자연스러워야 명당이 된다. 풍수에서 '풍(風)'은 바람이고, '수(水)'는 물이다. 계곡을 기준으로 보면 비가 오면 물이 흐르지만 가물면 그 자리에 바람이 흐르게 된다. 물과 바람이 같은 길을 쓰는 것이다.

이 풍수를 사람에 대입한 것이 '기(氣)'와 '혈(穴)'이다. '바람'은 '기'에 해당하고 '물'은 '혈'에 해당한다. 사람도 기가 잘 통하거나 혈액순환이 잘되면 건강하다. 상처가 났을 때 고통을 느끼게 되는 이유는 피가 소통하는 통로가 상처로 인해 절단되었기 때문이다. 피가 막힌 혈을 우회해서 새로운 통로를 개척하기 때문에 아플 수밖에 없다. 세일즈에서도 돈이 흐르는 길과 마음이 흐르는 길이 있다. 그런데 '풍수'의 '풍'과 '수'가 결국 같은 길에서 만나듯이 돈과 마음이 흐르는 길은 결국 하나로 이어진다. 그래서 돈의 흐름이 원활하면 마음이 편하고, 마음이 편안할 때 돈이 제대로 흘러간다.

충북 속리산 근처에 있는 아버지 묘소에서 수맥 탐사중.
큰 산의 꼭대기에 위치하여 무해무득이다. 그래서 자식들이 노력한 대로 먹고 사는 듯.
지금은 화장해서 평지에 어머니와 합장했다.

나도 화장을 하고 싶다

나는 90세가 넘으신 어머니에게 종종 화장을 권했었다. 내가 어머니에게까지 화장을 권했던 이유는 역설적이게도 풍수지리를 공부하면서부터였다. 인구가 증가하고 도시가 들어서면서 오늘날 명당이라는 곳은 포화 상태에 이르렀다. 운이 좋아서 명당을 묏자리로 잡더라도 터널이 뚫리면 아무 소용이 없다. 산 사람 살 땅도 부족한데 죽은 사람 때문에 아름다운 자연을 훼손해서야 되겠는가? 더구나 그 자연은 우리의 것이 아니라 후손에게 빌려온 것인데 말이다.

명당에 묘를 쓰는 이유는 후손들에게 복을 물려주기 위해서이다. 그런데 시신이 사라진다는 '도시혈(盜屍穴)'처럼 잘못된 곳에 묏자리를 잡으면 오히려 후손들에게 나쁜 영향을 줄 수도 있다. 차라리 깨끗하게 화장을 하면 후손들은 스스로 노력한 대로 먹고 살아가게 되니 그것이 더 공평하다. 나도 죽으면 화장을 하고 싶다.

묏자리를 팔다

묘를 쓰지 않고, 묏자리 기능을 하게 하는 방법은 없을까 고민하다가 당사자가 죽은 뒤에도 자녀들에게 혜택이 지속되는 상품을 판매한 적이 있다. 30~40년 후에 매년 돈이 자녀들 앞으로 나온다면 자녀들은 일 년에 몇 번 씩은 한자리에 모여 같이 식사를 하거나 여행을 할 수 있을 것이다. 손자 손녀가

"오늘 우리가 왜 모이는 거야?

하고 물으면,

"할아버지 할머니가 마련해 놓은 것으로 식사하러 모이는 거야."

이렇게 대화를 나눈다면 조상의 의미도 되새길 수 있을 것이다. 혹

시 형제자매가 해외에 있더라도 연락을 할 명분이 생길 수 있다. 돈으로 모든 것을 살 수는 없지만 돈에 의미를 담을 수는 있다. 내가 배운 풍수지리로 고객들의 묏자리를 잡아줄 수는 없지만, 합리적인 상품으로 돌아가신 후까지 서비스하면 한결 의미 있는 종신 서비스가 될 것이다.

2015년 4월 하와이 공원묘지. 하와이에 묏자리를 정할까 생각했다.
성묘 올 때마다 휴가 오는 기분이 들도록

100+1=200

100+1과 100-1은 어떤 답이 나올까? 100+1은 '101'이 아니라 '200'이 될 수도 있고, 100-1은 '99'가 아니라 '0'이 될 수도 있다. 상대방이 받을 것을 다 받았다고 생각했을 때 예상을 깨고 하나를 더 주면 상대방은

감동한다. 반면, 받을 수 있다고 기대한 것에서 조금이라도 부족하면 고객은 미련 없이 떠난다. 줄 것을 다 주었다는 내 기준과 받을 것을 받았다는 상대의 기준이 다르기 때문이다. 다 주었다고 생각할 때 하나를 더 준다는 생각해야 고객 입장에서는 받을 것을 받은 셈이 된다. 게다가 고객들의 기대치가 점점 높아지고 있기 때문에 서비스에 끝이 없다. 고객이 책임서비스를 원할 때 종신서비스를 제시해야 비로소 고객은 감동한다. 세일즈와 전혀 상관없어 보이는 풍수지리를 5년간 배우면서 나는 서비스 마인드에 대해 다시 한번 생각해 보게 되었다. 종신을 넘어서 사후까지 책임진다는 마인드로 일하자 고객들도 나를 더욱 신뢰하게 되었다. 이러면 나에게도 은퇴란 있을 수 없다.

명당은 마음속에 있다

풍수는 미신이 아니라 과학이다. 그러나 초보자가 단기간에 그 원리를 익혀서 명당을 잡기는 힘들다. 더구나 땅이 좁고 인구가 많은 우리나라 여건에도 잘 맞지 않는다. 지금 우리가 살고 있는 자연은 후손들에게 빌린 것이다. 그 아름다운 자연을 묘지로 훼손하는 것은 후손들에게 죄를 짓는 것이나 다름없다. 한 평생 잘 살았으면 미련 없이 깨끗하게 떠나는 것이 좋다. 나는 내가 공부한 풍수지리 덕분에 고객의 마음 속에 명당을 잡는 데 성공했다. 그러므로 나는 앞으로도 고객의 마음과 풍(風)과 수(水)가 잘 통할 수 있도록 노력할 것이다.

에필로그

드림메신저 황선찬

황선찬을 만나면 도전하는 삶이 펼쳐집니다.
꿈의 금맥을 찾아주고 도전을 전해주는 드림메신저 황선찬입니다.
"Take Your 찬s(chance)"

세일즈맨으로 바삐 살면서 틈틈이 강의했던 것을 세어보니, 어언
200회 이상 만 명이 넘는 사람들을 만나 내 삶의 도전과 세일즈 경
험을 전달했었다.

1천 시간이 넘는 강의를 했으니 분량으로만 따진다면 책 몇 십 권
을 쓰고도 남을 듯 싶다.

이번에 책을 쓰면서 청중들 앞에서 직접 내 경험과 도전을 전달할

때와 책을 통해 독자들에게 전달할 때의 언어가 너무 다르다는 것을 절실하게 깨달았다.

지난 17년 동안 세일즈맨으로 살면서 앞서간 메신저로부터 넘겨받은 것을 뒤따라오는 사람들에게 전해주려 노력했더니 그 과정에서 내가 성장했다. 드림메신저로서 내가 해야 할 가장 중요한 역할이 강의와 책을 통해 내 삶을 전하는 것이라고 생각했는데, 마음에 흡족하진 않지만 두 가지를 시작하게 된 것이 무엇보다 기쁘다.

3,700명 앞에서 세일즈 강의

도전이 멈추면 삶도 멈춘다

아파트의 15층에 사는 고객을 만나러 갔더니 한 대뿐인 엘리베이터가 고장 나서 점검 중이었다. 참 난감한 상황 아닌가? 그러나 평상시 9층 사무실까지 운동 삼아 계단을 걸어서 다니는 나는 망설임 없이 계단으로 올라가서 고객을 만나고 걸어서 내려왔다.

인생에서 쉬운 길은 없다.

쉽게 보이거나 어려운 길을 선택해서 어려움을 넘어섰기 때문에 쉽게 느껴질 뿐이다. 비행기가 공기의 저항 없이 이륙할 수 없듯 사람도 힘든 도전 없이 성장할 수 없다.

도전 속에 안정, 성장, 보람이 있다는 것을 전하고 싶다.

이 책에는 실제 나의 삶과 도전적인 경험이 녹아 있다. 아무리 많은 지식이나 똑똑함으로도 그 경험을 넘어설 수 없다. 실제 경험하면서 배우고 느낀 것을 토대로 썼기 때문에 사실적이고 강렬한 느낌을 받았을 것이다.

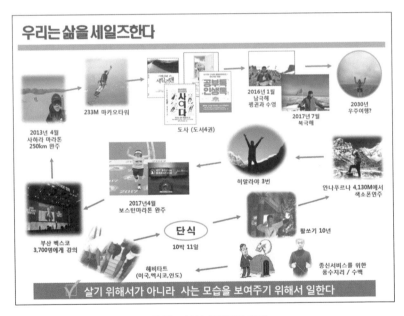

도전하는 삶이 세일즈가 되다

도전했던 강도로 미래를 판단한다. 그리고 경험했던 과거의 시간 단위가 미래를 재는 잣대로 사용된다. 10년차 이전에는 미래를 1년 단위로 생각했고, 10년이 되었을 때는 10년 단위로 생각했다. 세일즈맨으로 활동한 햇수가 20년에 가까워 오니, 이제는 앞으로 다가올 20년을 생각하게 된다. 2013년 사하라사막 마라톤 완주, 2014년 히말라야 안나푸르나 3번째 트레킹, 2016년 남극, 2017년 북극을 다녀왔다. 귀국 후에 2030년 우주여행을 위한 준비를 시작했다. 섬을 떠나야 섬이 보이듯 지구를 알기 위해 지구를 떠나려 한다.

도전이 멈추면 삶도 멈춘다. 삶에서도, 세일즈에서도 도전하고 경험하는 하루하루가 계속될 것이다.

오늘이 마지막인 것처럼 최선을 다할 것이고, 영원한 삶처럼 미래를 꿈꾸며 하루를 살아갈 것이다!

은퇴 없는 삶을 꿈꾸며 강의하고 책을 쓰는

드림메신저 황선찬